은 퇴 남 편   기   살 리 기

은퇴남편 기 살리기

Gloria Bledsoe Goodman 저

서혜경 · 김영규 편역

학지사

머리말

　퇴직 후 은퇴 파티가 막을 내리면 '나는 누구인가'라고 자문하는 자신을 발견하게 된다. 전직이 화려한 은퇴자일수록 자기 상실감이 커져 현실과 과거 사이에서 더욱 방황하게 된다. 이런 의문의 늪에 빠져드는 것은 배우자나 자녀들도 마찬가지다. 나의 부인 역시 갑작스러운 퇴직 이후 나의 모습에서 같은 의문이 들었다고 한다. '이 사람이 내 남편이 맞나?' 항상 당당했던 사람이 가끔씩 분노와 초조함을 드러낼 때 또 다른 사람과 살고 있다는 느낌을 받았다는 것이다.

　우리 부부가 이 책을 함께 쓰기로 한 것은 '은퇴 이후 돈을 어떻게 굴리는가' 하는 물질적 재무 설계에 앞서, 베이비부머로 대변되는 이른바 신 노년층이 직면할 정신적 문제점을 분석해 웰에이징 (Well-aging)의 길을 모색하자는 데서 출발했다. 부인은 미국에서 사회복지학 박사를 받은 이 분야 전문가이고, 나 역시 「한국경제신문」 기자 시절 노후 준비서인 『생애 재무 설계』란 책을 회사 동료들과 펴낸 적이 있다. 2년 전에는 글로리아 블레드소 굿맨(Gloria Bledsoe Goodman) 여사의 *Keys to Living with a Retired Husband*란 책도 함께 번역판 출간을 준비했다. 25년 전 미국에서 출간돼 베스트셀러였던 이 책은 세월이 흐른 지금도 우리의 현실에 그대로 적용이 가능할 정도로 은퇴한 남편을 대하는 주부의 심리와 역할 변화를 잘 묘사하고 있다. 현역 일에 치여 발간을 차일피일 미루던 중 나의 은퇴와 함께 번역서의 내용을 한국 현실에 맞게 완전히 재편집해 이번에 『은퇴남편 기 살리기』란 이름으로 출간하게 되었다.

이 책은 은퇴하고 집으로 돌아온 남편과 행복하게 살기 위한 새로운 와이프스타일을 찾는 데 초점을 맞추고 있다. 은퇴란 무엇인가? 은퇴란 새로운 일자리를 찾지 않고 목표 없이 빈둥대는 백수를 의미하는 것이 아니다. 집안일과 가족을 책임지는 의무에서 벗어난다는 얘기는 더더욱 아니다. 다만 최전성기에서 내려가는 현실을 의미한다. 자연히 자신의 가장 중요한 파트너는 사회가 아니라 자식이요, 친구요, 바로 부인인 것이다.

문제는 은퇴와 함께 부부가 이전보다 더 많은 시간을 함께해야 하기 때문에 TV 리모컨 선점, 집안일 분담에서부터 여행지나 주거지 결정 등 사소한 일로 사사건건 부딪칠 수밖에 없는 게 현실이다. 그 과정에서 삶의 가장 중요한 파트너인 부부간 주도권 분쟁이 심심찮게 벌어지며 그 어느 쪽이든 해결점을 제시하지 못하면 황혼이혼이란 비극의 상황을 맞이할 수도 있다.

이 책은 남편을 소파에서 끌어내라, TV를 한 대 더 사라, 공동 일거리를 만들어라, 부부 모두 조그만 뒷주머니를 차라, 멈춰선 남편의 내면을 지지하라 등 여성에게 많은 짐 거리를 제시한다. 그렇지만 이 책이 부인에게 막연한 희생만 강요하는 것은 아니다. 나이가 들수록 남편은 부인하기 나름이라 부인의 역할이 보다 중요해진다는 점에서 능동적인 와이프스타일의 필요성을 제기한 것이다. 다른 시각에서 보면 은퇴한 남편을 길들이는 방식을 담고 있다. 남편 역시 부인의 눈에 비친 자신의 모습을 스스로 투영해 가정을 지키기 위한 변신의 노력을 해야 한다. 자신의 가장 사랑스러운 동반자인 부인을 공격 또는 학대해서는 안 되며, 절대자의 자리에서 내려와 '나이 드는 것의 미덕'을 보여 줘야 하는 것이다.

부부가 함께 노력해 "님아. 그 강을 건너지 마오."란 얘기를 들으며 웰다잉(Well-dying)하는 길을 모색해 보자.

2016년 6월
김영규

차 례

contents

그가 나와 결혼해 살아온 그 사람인가

화창한 일요일 아침 8시, 지난 30여 년간 주말마다 해 온 것처럼 침대를 정리한다. 그런데 갑자기 당신의 모든 움직임을 날카롭게 관찰하는 눈빛을 느끼게 된다. "군용 침대처럼 오른쪽 모서리를 보다 각지게 하면 침대 시트가 더욱 타이트하게 정리될 거야. 창문을 열어서 실내 공기부터 환기해야지." 검열단의 까칠한 목소리가 문쪽에서 들려온다. 두 자식을 키워 결혼시킨 당신에게 침대를 어떻게 정리하라고 잔소리하는 사람은 누구인가? 바로 사랑스러운 나의 남편이요, 자식들의 아버지요, 좋을 때나 나쁠 때나 사랑을 약속한 바로 그 사람이다.

대기업 현장에서 근무하다 58세에 퇴임한 김 씨 부부의 경우다. 그는 은퇴식을 한 다음 날 점심시간이 다 되도록 잠옷 차림이었다. 점심을 먹은 직후 다시 침실로 들어가 TV를 켰다. 그의 눈은 스르르

감겼고, 부인은 스포츠 해설과 요란한 광고 사이사이 그의 코 고는 소리를 들어야 했다. 그의 잔소리는 음식 장만은 물론 집안 정리에 이르기까지 부인의 고유영역을 넘나들었다. 그녀는 '저 사람이 내 남편이 맞나?' 하고 자문해 보았다. 얼마 전까지만 해도 남편은 주말엔 집안의 허드렛일을 서둘러 하고 월요일 출근에 지장 없도록 알람을 맞춰 놓는, 치밀하면서도 정력적인 활동가였다. 그녀는 '이런 상황은 곧 바뀌게 될 거야.' 라며 자신의 감정을 추슬렀다. 하지만 한 달 후 결국 감정이 폭발했다. 남편은 아침 9시에 간신히 침대를 벗어났을 뿐 여전히 TV 앞에 앉아 있었기 때문이다.

무슨 일이 일어난 것인가. 당신은 지금 은퇴하고 삶의 목표를 찾지 못한 채 허둥대는 이른바 '가사전업 남편'과 막 동거를 시작했다. 수 주 전까지만 해도 직장에서 자신만의 영역을 갖고 목표를 향해 힘차게 전진해 온 그 사람이다. 낮에는 다른 직장인과 마찬가지로 꽉 짜인 일상을 살아왔다. 하지만 퇴직과 함께 직장에서의 일상은 끝났다. 그는 일을 위해 살았으며 그것이 사라지자 인생의 목표를 상실했다.

은퇴란 출생, 사춘기 때와 함께 인생에서 스트레스를 가장 크게 받는 사건이라는 게 전문가들의 공통된 지적이다. 그런 남편과 어떻게 살아가야 하나. 당신은 대체로 행복한 결혼생활을 해 왔고 그 상태를 유지하기를 원한다. 축복받은 노후를 의미하는 광고 문구인 '골든 이어즈(Golden Years)'를 기대하고 있다. 예측을 벗어나 길을 잃어도 당신은 지금과 같은 통상의 부인이요, 어머니다.

오래 살아온 부부든 얼마 전 결혼했든, 남편이 무엇을 생각하는

지 알아야 도울 수 있다. 남편이 은퇴 후 멋진 저녁 식사와 함께 당신의 언행에 찬사를 연발한다고 해서 그가 그 순간 무슨 생각을 하고 있는지 알 수 있다고 말할 수 있겠는가? 그다음 날들도 마찬가지다. 당신이 사랑하는 남편은 지금 자신이 쓸모없는 끝난 인생이며 더 이상 남자가 아니라고 자괴감에 빠져 있을지도 모른다.

은퇴한 남편과 잘 지내는 가장 중요한 열쇠는 개인 카운슬러가 되어 남편을 보다 깊게 이해하는 것이다. 그와 결혼해 잠자리를 같이하고 함께 아이를 키워 왔다. 아침 계란요리에 덜 익은 노른자위를 보면 그가 신경질을 내는 것을 당신은 잘 알고 있다. 그가 다림질한 손수건을 좋아하고 야구장에서 애국가를 따라 부를 땐 가끔씩 눈물을 글썽이는 것도 알고 있다. 그렇다고 남편을 잘 안다고 당신은 말할 수 있는가?

흔히 여자에게는 사랑과 재산이 중요하지만 남자는 자신의 존재를 입증하는 것을 더 중요하게 여긴다고 말한다. 남성들의 삶의 우선순위가 일(事), 부인(婦), 친구(親), 건강(健), 재산(財)이라고 우스갯소리를 하는 이유도 그렇다. 많은 남성은 달성해야 할 목표가 있는 직장에서 자신의 존재감과 일체감을 발견한다. 이런 욕구 때문에 집에서 보여 주는 성향과 다른 성향을 직장에서 개발해 왔는지도 모른다. 따라서 은퇴를 하고 나면 근로에 익숙한 그의 자아는 이전과 같은 사람이 될 수가 없다고 그에게 속삭인다. 은퇴 후의 자유시간을 꿈꾸며 살아온 그로서는 이제 아껴야 할 많은 시간이 있다고 생각하는 훈련이 필요한 것이다.

은퇴 직후부터 직장을 구하라며 남편을 밖으로 내몰지는 마라.

그렇지만 마냥 소파에 기대 TV 리모컨을 만지작거리는 남편은 더욱 곤란하다. 6개월 정도 은퇴 허니문 기간을 거친 후 부부가 미래를 찾는 작업에 시동을 걸어야 한다.

미지에 대한 공포를 느끼는 것은
배우자도 마찬가지다

은퇴자의 부인으로서 당신이 첫 번째로 결정해야 할 것은 남편이 스스로 자신의 문제를 풀어 가도록 한 발짝 물러서 있을 것인지, 아니면 즉각 도움을 줄 것인지 여부다. 은퇴 후 행복과 불행의 짐이 모두 당신의 어깨 위에 놓여 있는가? 은퇴 이후 적응기간 중 남편은 당신에게 무엇을 원하는가? 그가 필요한 것은 정확히 무엇이며, 남편에게 어느 정도 도움을 줄 준비가 되어 있는가?

물론 부인은 은퇴 후 적응기간 동안 남편을 안정시키도록 많은 도움을 주어야 한다. 하지만 자신이 들볶이거나 목발과 같이 지나치게 의존하는 도구가 되어서는 결코 안 된다. 남편이 퇴직 후 우울증을 겪는다면 그 스스로 자신을 되돌아보고 엄격한 내부 통제를 통해 문제를 풀어 나가는 게 정상이다. 그러나 우리는 그렇게 완벽한 세상에 살고 있지 않다는 사실을 오랜 경험을 통해 알고 있다. 당신은 은퇴 후 길을 잃고 돌파구를 찾지 못하는 남편과 살고 있는 자신을 발견하고 당황해할 것이다.

남편의 은퇴 이후 첫 수개월 동안 부인들이 느끼는 감정을 글로리아 블레드소 굿맨 여사는 저서 *Keys to Living with a Retired Husband*에서 다음과 같이 분석했다.

1 분노 | Angry |

자녀들은 성인이 되어 나름의 보금자리를 잡았다. 당신은 그들이 보고 싶을 때도 부부간 보금자리를 유지하느라 '빈 둥지 신드롬*'을 겪지는 않았다.

가정주부인 경우 자녀들이 성장하면 남편이 은퇴하기 전까지는 집안일을 하거나 바쁜 엄마이기 때문에 할 수 없었던 의미 있는 활동을 즐기며 해 왔을 것이다. 이른바 인생의 보너스를 향유해 왔다. 하지만 남편은 지금부터 집에서 당신의 일거수일투족에 의문을 제기한다.

직장여성인 경우 남편이 은퇴하기 이전에는 바쁜 일을 끝내고 집에 오면 평화로운 분위기를 느꼈다. 당신과 남편은 스트레스를 풀 수 있는 일상생활을 마련해 뒀기 때문이다. 하지만

---

* 남편은 직장일에 집착하고 자녀들은 독립의 길을 밟아 가면서 주부들 자신은 빈 껍데기 신세가 되었다는 심리적 불안감.

지금은 직장에서 맹렬히 싸우다 귀가하면 남편은 너무 피곤해 만족시켜 줄 수 없는 정신적 도움을 요청한다. 자연히 은퇴한 남편에게 좌절과 노골적인 적개심을 느끼게 된다.

2 두려움 | Afraid |

부부가 매일매일 바쁜 나날을 보낼 때는 상호 간에 깊은 우애 관계를 가질 필요가 없었을지도 모른다. 남편이 은퇴하면 갑자기 '죽음이 두 사람을 갈라놓을 때까지'란 결혼 선서용 관용어가 현실로 다가오고 부인은 자문을 하게 된다. '우리에게 무슨 일이 일어나고 있는 것일까? 결혼생활 내내 남편을 위해 최선을 다했는데, 지금은 그를 위해 잘하지 못하고 있다는 것인가? 그가 나에게 싫증을 내고 있는 것이라면, 아니 내가 그에게 싫증을 내고 있는 것은 아닌가? 서로가 서로에게 부족한 것은 아닌지? 만약에, 만약에, 만약에……?' 미지에 대한 공포만큼 두려운 것은 없다.

3 함정 | Trapped |

여성이 함정에 빠졌다고 느끼는 경우는 보통 둘 중 하나다.

첫째, 결혼 이후 전통적 의미의 부부처럼 남편을 따르고 추종해 온 경우, 당신이 원하는 것은 항상 우선순위에서 두 번째였다. 남편이 모든 중요한 사안의 최종 결정자였기 때문이다. 하지만 당신의 자유는 이제 끝났다. 전지전능한 남편이 집에서 24시간 당신의 움직임을 지켜보고 있기 때문이다.

둘째, 자신이 사랑하는 직업을 가진 여성의 경우, 당신은 남편과 직업 중 하나를 선택해야 할 함정에 빠지는 공포를 느낄 것이다. 당신은 두 가지 모두 갖기를 원하는 데 말이다.

당신이 위에서 거론한 세 가지 감정 중 하나 또는 전부를 느껴도 초조해하면 안 된다. 지극히 정상이다. 당신이 해야 할 일은 이 같은 우려를 어떻게 처리하는지 스스로 터득하는 것이다. 남편이 은퇴하면 부인은 일단 한 발짝 물러서 과도기를 갖는 전략이 주효하다. 다양한 요구나 의견 제시 등으로 남편을 숨 막히게 하는 대신, 부인은 자신에 초점을 맞춰 이런 변화에 대한 당신의 감정을 주시한 뒤 적절하게 자아를 정립해야 한다. 이 단계를 넘어서면 남편의 내면이 무엇을 경험하고 필요로 하는지를 더욱 잘 파악하게 된다. 물론 남편 자신이 자신을 잘 모르기 때문에 이 과정이 쉽지는 않겠지만 사랑, 이해 그리고 인내로 대하면 불가능한 일만은 아니다.

기본에서 다시 시작하자. 당신이 남편에 대한 사랑과 결혼생활을 삶의 첫 번째 우선순위로 꼽는다면 은퇴소동이 가라앉은 이후 감정적 손실의 정도를 재검토하면 된다. 남편이 은퇴 이후에 새로운 라이프스타일을 갖도록 성공적으로 도와주려면 두려움은 일단 접어 둬라.

플러스 시대의 개막

직장을 다니든 전업주부이든 남편의 은퇴 이후 어떤 변화가 일어날지 걱정스러운 것은 마찬가지다. 하지만 미지에 대한 공포가 새로운 길을 막아서는 안 된다. 남편의 은퇴를 플러스 시대의 개막으로 만들어라. 그러면 수십 년간 가사노동을 한 보답으로 당신과 남편은 다양한 미래를 열어 갈 수 있다.

1. 부부에게 알맞은 레저 활동을 즐겨라.

   스포츠, 여행 등 과거 부모나 할아버지 세대에서는 꿈조차 꾸지 못한 새로운 사회활동의 기회가 당신 앞에 펼쳐져 있다.

2. 남편의 새로운 면모를 찾아라.

   당신은 남편을 일만 하는 사람으로 알아 왔는지도 모른다. 지금이 바로 남편의 마음을 탐색할 수 있는 시간이다. 그동안 알지 못했던 남편의 면모를 찾아볼 수 있다. 남편 역시 부인에게서 새로운 여성의 변모를 발견할 수 있다.

3. 속도를 늦추고 우선순위를 새롭게 정해라.

   마감에 쫓기지 않는 인생은 호사로운 것이다. 정신적 만족을 더 추구할 수 있는 기회는 활력을 준다.

4. 은퇴를 종착역의 출발점으로 생각하지 마라.

   인생 정점에서의 또 다른 시작이다.

부인도 탈출구를 마련하라

철부지 남편은 부인이 그렇게 만든 것이라는 게 저자인 굿맨 여사의 고백이다. 그녀 역시 젊은 나이에 결혼해 남편 뒷바라지를 하느라 열심히 일했다. 그러나 이 때문에 남편이 남편으로서, 동시에 인간으로서 성장할 기회를 주지 못했다. 그는 직장에서 돌아오면 곧장 의자에 앉아 음료수를 달라며 손만 내밀었다. 저녁을 먹고 나면 다시 의자로 돌아오거나 친구 집을 찾아 시간을 보냈다. 주말에는 친구들과 골프, 사냥, 낚시 또는 사회활동을 즐겼다. 주중에 너무 힘들게 일해 주말엔 휴식시간이 필요하다는 게 그 이유였고, 그녀는 이를 그대로 받아 주었다. 특히 남편은 다양한 차를 갖길 열망했고, 그녀는 차의 브랜드조차 모른 채 그 비용을 대야 했다. 이따금 자녀들과 외출을 할 때도 있지만 남편이 짐을 들거나 유모차를 미는 적은 없었다. 권위적이고 철부지 성향의 남편을 그녀 스스로 만든 것이었다. 그녀는 결국 52세가 되어서야 결혼생활에서 벗어나 좋은 직장을 얻고 멋진 남자와 재혼도 했다고 술회했다. 철부지 남편에게서 벗어나기 위해 카운슬러 일에 집중한 결과, 미국의 대표적 은퇴가정 전문 카운슬러로 도약한 것이다.

여자의 일생에 있어 부인과 어머니로서의 역할은 대단히 중요하다. 하지만 개인적으로 자신이 무엇을 필요로 하는지 인지하는 것 또한 그에 못지않게 중요하다. 직업이 있든 전업주부든 삶에 스트레스가 심해지면 탈출구를 마련할 필요가 있다. '그만하면 충분히 할 만큼 했어' 라고 내부의 목소리가 들려오면 자신만의 도피처로 고개를 돌려야 한다.

은퇴한 남편과 사는 부인의 첫 번째 비결은 자신을 돌보는 것을 배우는 것이라는 게 굿맨 여사의 첫 번째 조언이다. 여성들은 때론 새롭고 놀라운 경험에 압도당할 수 있다. 하지만 당신의 가정이 은퇴자가 원하는 것을 중심으로 돌아가서는 안 된다. 특히 당신이 직업을 갖고 있다면 스스로 속박의 노예가 되어서는 안 된다. 당신은 여전히 당신을 위한 시간이 필요하다. 때문에 당신이 필요한 것을 요구할 때는 주저하지 마라.

남편 역시 당신과 마찬가지로 새로운 상황에 당황하며, 새로운 정체성을 찾고 있지만 그런 이유로 당신을 협박하도록 둬서는 안 된다. 당신은 당신이며, 은퇴는 개인적으로 최상의 인생으로 나아가는 출발점으로 만들어야 한다. 자신에게 친절하라. 남편의 은퇴기에도 당신이 무엇을 원하든 그것에 몰입할 수 있다.

그렇다면 당신의 욕망에 자극을 주는 것은 무엇일까. 무엇에 관심을 갖고 있는가. 만약 계획된 특별한 탈출구가 없다면 다음과 같은 일을 시작해 보자.

'내 가족에게 도움이 되는 것'이면 좋으나, 마땅한 것이 없으면 우선 당신이 가장 흥미를 느끼는 것이 무엇인지 결정하라. 물론 당신 자신을 위한 것이어야 한다. 프랑스 회화를 배우기 위해 반드시 프랑스로 갈 필요는 없지 않은가. 프랑스 회화 실력이 늘면 친구들과 프랑스 식당에 가서 메뉴를 읽고 번역하는 방식으로 그들을 황홀하게 만들 수 있다.

지역 대학의 평생교육 과정, 구청 또는 백화점, 박물관, 예술의 전당 등이 제공하는 문화강좌 등을 살펴 봐라. 발품만 잘 팔면 싼 가격에 흥미롭고 수준 높은 강의를 얼마든지 들을 수 있다. 친구 또는 은퇴한 남편이 원하면 함께 들어도 좋다.

관심 분야가 생겼다면 즉시 실천하라. '부엌 찬장을 청소하고, 다림질을 끝내고……' 식으로 행동을 유보하지 마라. 탈출구를 찾았으면 그대로 실행해야 한다.

혼자 할 용기가 나지 않는다면 친구에게 함께하자고 전화하면 된다. 친구 역시 할 일 없이 빈둥거리고 있을지 모르며, 당신의 전화에 감사함을 표시할 것이다. 친구들과 그 관심거리를 대상으로 얘기하거나 즐기면 일단 탈출구 마련에 성공한 셈이다.

당신의 욕망이 무엇이든 그곳에 몰입하라. 당신 스스로를 즐겁게 하는 욕망에 당신이 죄책감을 느낄 필요는 없다. 결혼생활에 헌신하면서도 일정한 시간은 당신을 위해 할애해야 한다.

멈춰 선 남편,
그의 내면을 파악하라

1장에서 이미 언급된 것처럼 남편의 내면에는 지금까지 만나지 못했던 또 다른 남성이 있을지도 모른다. 직장에서의 남편 얼굴이 가정에서의 모습과 다를 수 있기 때문이다. 당신에게 보여 준 얼굴 역시 그의 내면과 다를 수 있다. 훈련을 통해 또는 성격상 남자는 다른 사람은 물론 일생을 함께해 온 부인에게조차 사적인 모습을 공유하지 않는 성향이 강해, 그의 내면을 살피는 것은 탐정과 같은 조사가 요구된다. 그러나 남편의 성공적 은퇴생활을 돕기 위해선 반드시 필요한 과정이다.

경의와 찬양 속에 치른 은퇴식 다음 날 아침, 남편의 내면은 분명 다음의 세 가지 사실에 직면한다.

첫째, 그가 누구였든 일단 멈춰 선 인간이 된다는 것이다. 직책은 사라지고 업무와 관련된 약속이나 미팅 요청을 위한 전화벨은 더 이상 울리지 않는다. 결정을 원하는 부하 직원도, 도움을 주는 비서도, 잡담할 동료도 없다. 근로자아(work-self)가 갑자기 멈춰버린 것이다. 자연히 컴퓨터 앞에서 불안해하고 휴대폰을 만지작거리며 짜증을 낸다.

둘째, 영원히 살 수 없다는 '죽음'에 대한 두려움이 갑작스럽게 부각되면서 유약해진 그의 마음을 짓누르게 된다. 직장에 다닐 때와는 달리 건강과 관련한 이런저런 약에 관심을 보이기 시작하고, 치매관련 프로그램을 보면 나이가 드는 것에 대한 강한 공포감도 느낄 것이다.

셋째, 새로운 정체성을 가져야 한다는 현실이다. 과거의 그가 아니라면 그는 누구일까? 이제 노인의 성향을 띤 새 성격을 가져야 하지만, 정신적 · 육체적으로 젊어져 있는 신 노년층인 베이비부머 세대의 경우에는 이를 받아들이는 것이 쉽지 않다.

하지만 남편은 이런 두려움을 부인과 공유하려고 하지 않는다. 그가 모든 것을 당신에게 얘기하지 않아도 낙담하지 마라. 미지에 대한 두려운 느낌을 말하지 않는 경향이 강한 게 남성의 일반적 성향이다. 때문에 은퇴 후 첫 수 주간은 이해심과 온화한 마음을 갖고 스스로 긍정적인 인생관을 유지하는 게 가장 중요하다.

남편이 은퇴 이후 삶의 의미를 찾도록 부인들이 내조할 수 있는 방안은 다음과 같다.

평소와 같이 편하게 대하라. 남편에게 스케줄을 쉼 없이 강요하는 것은 좋지 않다. 하지만 멍하니 소파에 기대앉아 있도록 두지도 마라. 인생에 대한 남편의 열정이 사라지면 당신이 할 수 있는 일은 없어진다.

남편의 전문적 의견이 필요한 이른바 재능기부가 가능한 곳, 또는 그동안 바빠서 찾지 못한 곳을 방문하는 계획을 마련하는 것도 손쉽게 새로운 인생을 열어 주는 방안이다. 자녀가 인근에 산다면 손주들을 위해 할 수 있는 방안을 찾아봐라. 대부분의 자녀들은 아버지가 손자·손녀와 시간을 갖는 것을 좋아한다.

새로운 취미나 활동에 빠져들도록 유도하라. 이때도 사랑스러운 마음으로 지원하며, 명령조는 곤란하다.

남편을 사랑한다면 당분간 개인적 취미생활이나 사회적 활동을 줄여라. 남편은 부인이 너무 바빠 자신이 하는 얘기를 들어 주지 않는 것을 가장 싫어한다. 그가 아이디어를 내면 연어가 부화장에서 알을 낳는다고 하더라도 정성을 다해 긍정적으로 들어 줘라.

"당신이 원하는 게 무엇이야?" 란 식으로 질문을 마냥 쏟아내지 마라. 고집스러운 성격의 부인은 아무리 능숙하게 질문해도 남편을 방어적으로 만든다. 수비적인 남자는 다른 많은 분야에서 공격성을 띠게 된다.

📧 그동안 남편에게 사랑을 표현하는 습관을 잊었다면 되찾
아라. 그가 의아하게 느낄지 모르지만 당신의 포옹이나 키스를
거절하지는 않을 것이다. 지난 수년 간 잊고 지냈을지도 모르는
육체적 관계를 되살리는 것도 좋다.

다시 말하지만 남자란 직업상의 동료들과 우정을 나누는 경향이
강하다. 은퇴는 그의 지지 그룹과의 단절을 의미한다. 때문에 그가
모든 연령대의 사람들과 새로운 유대 관계를 형성하도록 도와줘야
한다. 그가 과거 직장의 동료들과 관계를 진정으로 유지하길 원한
다면 동료의 퇴근 시간 후에 그들과 만나도록 유도해야 한다. 근무
시간 중 회사에서 은퇴자가 많은 시간을 보내는 것은 동료들에게
골칫거리가 될 수 있다.

당신의 남편은 지금 비현실적으로 보일지도 모르는 과도기에 들
어섰다. 이런 미묘하고 복잡한 시기에 남편의 내면을 북돋우고 지
지한다면 미래에 보상을 받을 것이다.

은퇴생활에 필요한 4C

　남편의 은퇴 이후의 생활이 결혼생활의 연속선이라고 단순히 생각하는 것은 큰 실수다. 결혼생활은 허니문, 임신과 양육, 자녀출가 그리고 은퇴기 등 네 기간으로 분류된다. 각 시점마다 생활패턴이 달라질 수 있지만 처음 세 기간은 남편 또는 부부가 일자리를 갖고 있는 시기라는 공통점을 갖고 있다. 부부 모두 또는 한쪽이 직장을 떠나는 은퇴기는 지금까지 결혼생활과는 크게 달라진다.

　특히 부인에게는 이전과 다른 라이프스타일을 요구하기 때문에 많은 도전에 직면한다. 부인을 가장 불안하게 만드는 요인은 부부가 이전보다 더 많은 시간을 보내야 한다는 점이다. 노년의 부인들이 "좋든 싫든 그와 결혼한 것이지 그의 점심을 차려 주기 위해 결혼한 것은 아니다."고 말하는 것을 기억하라. 부인들은 삼시 세끼를 집에서 꼬박꼬박 해결하는 이른바 '삼식이'를 가장 싫어한다는 얘기다. 은퇴 이후 성공적 부부관계를 만들어 주는 핵심인 4C를 깨닫지 못하면 점심 때마다 불편한 현실에 놀라게 될 것이다.

4C는 대화(혹은 소통), 배려(혹은 연민), 양립(혹은 공존) 그리고 타협)이다.

1 대화 | Communication | 말하는 것 못지않게 듣는 것이 중요하다

부부관계를 유지해 주는 핵심 요소다. 부부는 결혼한 이후 계속 대화를 해 왔다. 하지만 불행하게도 항상 대화를 해 온 것은 아니다. 신혼 초에는 아름다운 대화를 나누지만 직장과 양육 등으로 바빠지면 부부간에 최소한의 정보 교환 수준으로 말수가 줄어들게 된다.

대화가 좋은 부부관계를 만든다는 사실을 대부분의 부인들은 잘 알고 있다. 그러나 대화를 원치 않거나 어떻게 대화를 해야 할지 모르는 남편과 산다면 극복하기 쉽지 않은 난관이다. 쉬운 일은 아니지만 불가능한 일 또한 아니다. 남편의 대화를 유도하기 위해서는 다음과 같은 목표를 세울 필요가 있다.

남편을 이해하고 관계를 개선할 수 있는 정보를 찾아라. 부드러운 질문과 세심한 경청은 친밀한 관계를 만들어 준다.

남편이 이해할 수 있도록 당신의 감정을 표현하라. 당신의 남편은 심령술사가 아니어서 당신이 정확히 말하지 않으면 무슨 생각을 하는지 알지 못한다.

✉ 부부와 관련된 정보를 공유하고 그 주제에 대한 남편의 생각에 반응하라. 필요하다면 그가 말한 것을 되풀이해 정확히 이해했는지 확인할 필요가 있다.

그 과정에서 당신의 배려와 절제가 절실히 요구된다. 산책, 취미, 여행과 같은 활동을 함께하면 부부간 대화가 자연히 늘어난다. 대화를 극히 싫어하는 남편과 대화를 시작하는 단순하면서도 효율적인 방법은 "얘기 좀 해요. 언제가 좋을까요?"라고 직설적으로 말하는 것도 한 방법이다. 남편은 경계의 눈빛으로 어쩌면 방어적 자세를 취할 수도 있지만, 시간을 정해 당신이 원하는 것을 강조할 필요가 있다. 남편과 자리를 같이 하고 개인적인 일이든 아니든 당신의 기분이나 주제를 제시할 때 다음과 같은 질문들을 던져라.

'그것에 대해 어떻게 느끼는가.' '무엇을 생각하는지 말해 달라.' '어떤 생각이 드는가.'

그러곤 그가 답할 때까지 기다려라. 대부분의 여성들은 남편의 대답을 기다리지 못한다. 즉답이 없으면 그가 반응하지 않을 것이라 생각해 침묵을 스스로 깨는 경향이 있다. 대화는 말하는 것 못지않게 듣는 것도 중요하다.

대화와 관련해 한 가지 더 고려할 것은 '선택적 귀머거리'라는 남편들의 질병이다. 대화의 주제가 마음에 안 들거나 관심이 다른 곳에 가 있다면 남편은 부인을 외면한다. 결혼생활에서 흔히 겪는 일이다. 프로야구, PGA 골프 등 중요한 스포츠 중계를 앞두고 산책을 나가자고 종용하는 것은 부적절한 이유다. 하지만 여건이 좋아지면 '내가 말할 때 당신이 대답을 하지 않으면 마음에 상처를 받는다' 란 공식은 계속 제기하는 게 좋다.

남편과의 대화는 여자 친구들과의 대화와는 다르다. 여성들 간의 우정은 감성과 경험의 공유를 바탕으로 하지만 남성들은 함께 일을 하면서 우정을 쌓는다. 일단 부부가 대화를 시작하면 결혼 기간에 관계없이 서로가 얘기를 하는 게 얼마나 중요한지 깨닫고 놀라게 될 것이다.

2 배려 | Compassion | 유약함의 표현이 아니라 사랑의 핵심

배려는 이해심, 동정심, 고려, 보살핌, 용서와 같은 선한 감정을 포함하는 마음의 선물이다. 다른 사람의 감정을 경험하고 함께 나눌 수 있다는 것은 인간의 가장 값진 속성이다. 배려는 타고나는 것일까, 길러지는 것일까? 연민은 여성이 갖고 있는 타고난 속성임엔 분명하지만 슬프게도 오랜 결혼생활은 남편을 염려하는 감성을 마비시키는 경향이 있다. 날갯짓을 시작해 독립된 길을 가는 자식들에게는 연민과 보호 본능을 표현하면서도 막 은퇴해 생소한 미지의 세계를 향해 날갯짓을 하려는 남편에게는 이런 감정을 갖는 것을 잊고 산다.

고객들의 식사는 서둘러 마련하면서도 정작 남편의 식사 준비를 잊는 직업여성을 보라. 물론 남편 스스로 저녁을 차릴 수 있고, 실제로 여러 차례 그렇게 했을 것이다. 하지만 이런 일이 자주 일어난다면 사랑이 담긴 배려가 건강한 생활을 유지하는 데 필요하다는 사실을 잊게 한다. 나아가 허둥대는 남편에게 고의적으로 무자비하고 냉담한 감정을 표출하는 부인도 있다. 남편을 납작하게 만드는 것에서부터 노골적으로 학대하는 데 이르기까지 본인들도 스스로 놀랄 만한 행위들을 자행하는 것이다.

은퇴를 하면 남성의 인생은 돌이킬 수 없이 바뀌며 자아는 유약해진다. 이때 부인은 과거에 실제로 있었던 불만을 거론하며 화를 내는 등 남편을 지옥으로 빠트리는 경우를 주변에서 흔히 볼 수 있다. 남편의 전성기 시절 주부로서 느꼈던 소외감의 발로인지 모른다. 남편이 부인에게 실질적이거나 상상의 잘못을 저지른 것일 수도 있다.

배려는 쌍방향이라는 사실을 명심하라. 남편과의 관계가 충분하지 못하다고 느끼면 주저하지 말고 그것을 요구하라.

배려를 통해 은퇴 이후 과도기를 편하게 하는 방법은 다음과 같다. 새롭게 발견한 대화 통로를 실천에 옮기고, 남편의 가장 큰 두려움을 찾아내라. 당신의 의견을 말하는 데 주저하지 마라. 새로운 것을 발견하면 부드러우면서도 진정성을 갖고 얘기하라.

"당신이 무엇을 안했다면……" "당신이 지금 막……"과 같은 비난하는 스타일과 "당신은 항상……"과 같은 파괴적 용어를 사용해 부부 관계를 퇴보시키지 말아야 한다. 그 대신 "사랑하는 마음으로 함께 이 문제를 헤쳐 나가자."와 같은 연민이 담긴 구절을 사용하는 것이 좋다. 연민이나 배려는 결코 유약함의 표현이 아니다. 사랑의 핵심이다.

3 공존과 양립 | Compatibility | TV 한 대를 더 구입하라

편안한 신발같이 지난 30년간 부부 관계는 쳇바퀴처럼 굴러 왔다. 그것이 공존일까? 그럴 수도, 그렇지 않을 수도 있다. 부부간의 공존은 상대적이어서 비슷한 관심을 갖는 것과는 관계가 별로 없다. 사랑이 담긴 공존의 관계를 발전시켜 인생을 풍요롭게 하는 것은 은퇴생활의 가장 큰 보상이다. 한 심리학자는 "공존은 함께 많은 일을 하는 게 아니라 서로 다른 일을 할 때도 안전하다는 것을 서로가 느끼는 것"이라고 정의했다.

공존과 양립성은 은퇴 이후 더욱 중요해진다. 직장생활을 할 때는 하루 평균 시간의 40% 정도를 함께하기 때문에 부부간 공존에 별 어려움이 없을지도 모른다. 하지만 은퇴를 하면 70% 이상의 시간을 함께 보내게 된다. 함께하는 것은 신혼 시절에는 소중하게 느껴지지만 60세가 넘어 은퇴를 하면 그 정도가 약해지게 마련이다.

배려와 대화를 바탕으로 당신과 당신의 남편은 은퇴 이후 어떻게 지낼 것인지 논의해야 한다. 어떤 게 편안한지 얘기하는 것은 배후자에 대한 상호 의무다.

다음은 은퇴한 남편과의 불편한 동거 현실이다.

일상생활

남편이 아침 일찍 출근을 하면 집 안 청소에 앞서 커피를 마시며 아침 드라마를 본다. 지금은 아침마다 웬 남성이 식사와 말동무를 원하며 당신만 쳐다보고 있다.

 TV

사소하게 들릴지 모르지만 다음과 같은 주부들의 불만을 흔히 들을 수 있다. "TV는 남편이 채널권을 쥐고 있어. 내가 선호하는 프로그램을 그가 시청하는 것보다 내가 그의 선호 프로그램을 봐 주는 경우가 훨씬 많아." 실제로 은퇴한 남편과 함께 드라마를 보는 것같이 힘든 일도 없다. 연속 방송이 끝날 때까지 그의 짜증스러운 투가 멈추지 않기 때문이다.

 전화

남편이 당신의 통화 내용에 얼마나 관심을 갖고 있는지 믿기 어려울 것이다. "누구랑 통화했어?" "뭘 원한데?" 보다 화가 나는 대목은 "통화를 적게 하면 더 많은 일을 할 수 있을 텐데."라고 구박조로 말할 때다.

 외출

"어디 가는 가야?" "언제 돌아와?" 남편이 당신을 믿지 않는 것인가?

가사의 분담

부인이 설혹 직장을 다니더라도 은퇴 이전과 마찬가지로 가사는 부인이 계속하기를 원한다.

공존의 묘수는 다음과 같다.

 모닝커피는 남편이 만들도록 유도하라

남편이 하루 종일 집에 있다면 당신이 원하지 않는 한 아침을 차리기 위해 바쁘게 움직일 필요는 없다. 남편의 은퇴는 주부에게도 가사에서의 은퇴를 의미한다는 사실을 유머를 담아 남편에게 상기시켜 주어라. 화를 내지 말고 당신의 커피잔을 들고 좋아하는 TV 프로그램을 틀어라. 하지만 위압적이어서는 안 된다. 남편들이 스스로 커피를 타서 부인과 함께 TV를 보며 행복함을 느끼면 은퇴생활은 순항을 예고하는 것이다. 특히 아침 토크쇼는 하루의 좋은 대화 소재를 제공한다.

 TV를 한 대 더 사라

TV는 은퇴 부부의 가장 중요한 오락 수단이다. 남편이 리모컨을 갖고 당신의 인생을 좌지우지하는 것보다 짜증나는 일은 없을 것이다. 그렇다고 중년 부인들이 즐겨 보는 드라마를 아침부터 남편이 보도록 강요하는 것은 부인에게 프로야구를 보라고 강요하는 것만큼이나 바람직하지 않다. TV를 한 대 더 구입해 한 대는 침실에 두고 남편에게 마음대로 봐도 좋다고 말하라. 하지만 같은 프로그램을 각방에서 따로 보는 황당함은 없어야 한다.

통화 시간을 줄여라

가장 친한 친구와 통화를 할 때도 그 시간을 줄일 수 있다. 남편이
외출했을 때 통화를 하면 더욱 좋다. 통화 후 그의 심문이 시작되
면 유머러스하게 누구와 무슨 내용으로 통화했는지 알려 줘라.
그런 방식이 남편을 기쁘게 한다면 굳이 숨길 이유가 있겠는가.

귀가 시간을 알려 줘라

물론 남편은 당신을 믿는다. 다만 당신이 그리울 뿐이다. 당신
의 외출에 누군가 관심을 갖는 게 나쁜 것은 아니다. 외롭게 당
신을 기다리는 배우자를 생각해 봐라. 물론 부모에게 외출을 일
일이 보고해야 하는 10대는 아니지만 어디에 가고 언제 돌아온
다고 남편에게 말하는 것은 사랑스러운 부인의 행동이다. 남편
이 스톱워치로 당신의 귀가 시간을 초조하게 재지 않도록 지켜
주는 게 좋다.

가사업무 분담

당신이 여전히 직장을 다닌다면 남편에게 안팎으로 일을 해야
하는 게 부당하다는 사실을 분명히 하라.

　은퇴 이후의 공존과 양립은 유머감각과 미래에 대한 확고한 시
각을 가지면 상대적으로 성취하기 쉬운 대목이다. 공간과 사생활

을 상호 존중하고 대화를 통해 조정하면 된다.

4 타협 | Compromise | **상대방의 말을 끊지 마라**

여성들에게 타협이란 단어를 자주 언급하면 "왜 여성들만 항상 양보하고 타협해야 하는 것인가!"하며 화를 낸다. 타협은 부정적인 얘기가 아니라 상호 문제를 푸는 긍정적인 방식이다. 부부 모두가 노력해야 타협이 이루어지지만 협상의 바퀴를 움직이는 것은 주로 여성이다. 성공적인 결혼생활을 원하는 커플들에게 가장 중요한 것이 바로 타협이다.

굿맨 여사가 카운슬러로 활동하며 인터뷰한 미국 은퇴 가정의 실제 예인 데이브와 테레사의 경우를 보라. 그들은 조그만 마을에서 태어나 결혼생활을 했다. 테레사는 친구와 가족이 있는 마을에서 만족스럽게 생활해 그곳을 벗어날 이유가 없었다. 반면 남편인 데이브는 바닷가에서 여생을 보내길 희망했다. 결국 두 사람은 자신의 집을 딸에게 빌려준 후 해변가로 이사를 했다. 데이브는 자신의 낚싯배를 손보고 선원들과 얘기하며 만족스러운 생활을 했다. 그는 성인이 된 이후 계속 육체적으로 힘든 일을 해 왔기 때문에 새로운 삶에 흠뻑 빠져들었다. 부부 모두 건강도 좋았다. 하지만 테레사는 그리 행복하지 않았다. 아름다운 경치를 보며 좋은 콘도에 살면서도 '자녀와 손주 그리고 친구들이 너무 그리워. 어떻게 해야 하나' 라는 생각을 떨쳐 내지 못했다.

어느 날 저녁 식사를 마친 뒤 그녀는 남편에게 말했다. "나는 당신을 사랑하지만 자식과 가족이 너무 그리워. 당신의 뜻에 따라 이곳에 살고 있지만 완전히 행복한 것은 아니야. 당신과 타협을 하고 싶어." 데이브는 부인의 얘기를 묵묵히 들었다. 그녀는 남편과 함께, 안 되면 혼자서라도 2주일에 한 번씩 수일간 시골 마을에서 가족과 지내는 것을 원했다. 한 번의 방문기간은 3일 이내였다.

데이브는 부인이 행복하지 않다는 말에 놀랐다. 그의 은퇴 계획을 순순히 따랐기 때문에 부인 역시 자신 못지않게 새로운 생활을 원했을 것이라 생각했다. 그는 부인이 외로웠다는 사실을 깨닫자 그녀의 뜻에 흔쾌히 동의했다. 부인이 자신을 기쁘게 해 주려 해안가로 이주했다면 이번에는 부인을 기쁘게 해 주기 위해 그러기로 한 것이다.

타협은 실현됐다. 그는 부인과 함께 고향을 찾거나 때로는 홀로 콘도를 지켰다. 특히 콘도를 관리하면서, 하루 8시간 직장생활을 하며 세 자녀와 큰 주택을 관리했던 부인을 더욱 존중하는 마음이 생겼다. 테레사는 언제든 원하면 고향 집을 갈 수 있다는 기쁨에 바닷가 새로운 공동체에서 편한 마음으로 생활했다.

실제로 문제가 발생해 무언가를 바꿔야겠다고 느끼면 다음과 같은 방식으로 타협점을 찾는 게 좋다.

 남편과 자리를 같이하고 당신이 느끼는 문제를 나열하

라. 당신이 행복하지 않다는 사실을 그가 인지하지 못해도 문제가 저절로 풀릴 수 있다.

📧 눈물을 흘리거나 적개심을 갖고 비난하는 부정적 태도로 대화를 시작해서는 안 된다. 당신의 감정을 조용하고 합리적으로 설명하라.

📧 일단 당신의 뜻을 전하고 나면 어떻게 느끼고 생각하는지 남편에게 물어봐라.

📧 남편이 화를 낸다고 해도 목소리를 죽이지 마라. 남편의 목소리가 커지면 조용히 앉아 있으라. 하지만 후퇴는 하지 마라. 갈 곳이 없어진다. 그의 목소리가 가라앉되 더 이상 교섭에 진전이 없으면 "당신은 흥분했어. 기분이 나아지면 이 문제를 다시 논의하는 것이 어때요."라고 침착하게 말하라. 그를 회유하거나 자제력이 없는 사람으로 몰지 마라. 당신의 침착한 행동은 그 주제를 포기하지 않는다는 것을 그에게 암시해 주는 것이다.

📧 그가 자신의 입장을 얘기하면 한 걸음 물러서서 들어 줘라. 그의 말을 끊지 마라. 대화를 한다는 것은 당신이 타협을 시도하고 있다는 것을 의미한다.

새로운 와이프스타일
능동적으로 바꿔라

와이프스타일이란 무엇인가? 남편을 대하는 매너다. 결코 비하하려는 뜻은 아니다. 현명한 부인일수록 남편의 관심을 끄는 긍정적 와이프스타일을 만들어 유지한다. 잔소리하거나 찡찡거리고 못살게 구는 부정적인 면모를 키우는 부인들도 있다. 남편을 못살게 굴 수도 있지만 누가 이를 원할 것인가?

모든 기혼여성들은 깨닫든 아니든 나름의 와이프스타일을 가지고 있다. 긍정적 스타일을 가진 부인은 남편을 편안하게 해 준다. 반면에 비생산적인 매너는 남편의 자발적 행위를 저하시킨다.

와이프스타일은 다양하다. 당신이 수동적인 부인일 경우, 와이프스타일을 개선할 힘 또는 상상력이 없다고 해서 피곤한 현실을 그대로 받아들일 것인가? 그 결과 무관심으로 일관하는 가장 최악의 와이프스타일이 형성된다. 무관심한 부인은 자기몰입적이고 감각이 없어 남편에게 일어나는 일을 걱정하거나 돌보지 않는 경향이 강하다.

저자인 굿맨 여사는 젠과 레오나드 부부를 통해 긍정적 와이프스타일을 제시했다. 젠은 변화를 꺼리고 매사에 수동적인 부인이었다. 남편인 레오나드와의 불편한 관계를 참고 결혼생활을 유지하는 게 유리하다고 믿고 그렇게 살아왔다. 이 커플은 제2차 세계 대전 직후 결혼했다. 이후 레오나드는 공인회계사가 되었고 젠도 아이를 갖기 전까지는 그의 비서로 일했다. 그녀는 자녀들이 성인이 되었지만 직업을 갖지 않았다. 근무시간 조정이 가능한 자원봉사에 전념했고, 남편이 귀가하기 전 항상 집에 와 저녁 식사 준비를 했다. 저녁 식사를 한 뒤 그녀는 소파에 앉아 책을 보거나 잡일을 했고, 레오나드는 안락의자에서 TV 리모컨을 만지작거렸다. 교회를 가거나 자녀들을 방문하는 것 외에는 거의 외출도 하지 않았다. 그녀에게 "행복하냐?"고 물었다면 그냥 "불행하지는 않다."고 대답했을 것이다.

레오나드가 은퇴하는 날, 회사의 모든 임원들이 참석한 송별파티가 열렸다. 이때 젠은 처음으로 남편의 사무실을 볼 수 있었다. 그녀는 놀랐다. 레오나드는 레니란 애칭으로 불리며 그날 쇼의 단연 스타였다. 미니스커트를 입은 금발의 말단 서기부터 최고 회계사에 이르기까지 모두 남편의 단짝이었다. 가정에서 남편은 다소 뚱한 사람이었지만, 직장에서는 극히 사교적인 인물이었다. 레니는 직장에 둘러싸여 필요한 모든 사회활동을 그곳에서 했던 것이다. 레오나드가 부인을 사랑하지 않은 것도 아니고 부인 일에 관여하기 싫었던 것도 아니었다. 다만 직장에서 충분한 사회활동을 했기 때문에 가정은 단지 내일을 위한 휴식처로 전락했던 것이다. 한국이든 미국이든 동서고금을 막론하고 직장과 가정에 대한 남편의 이중적 스타일은 비슷할지도 모른다.

젠은 단단히 화가 나 인생의 변화를 시도했다. 와이프스타일을 급격하게 변화시킨 것이다. 첫 번째 시도는 병원에서의 자원봉사 시간을 주간 근무에서 야간 안내로 바꾼 것이었다. 남편이 부엌일을 배워야 한다는 게 그녀의 생각이었다. 자신의 머리 스타일이 유행에 뒤떨어진다는 사실을 깨닫고, 동료의 조언을 받아 회색빛을 금발로 바꾸었다. 옷차림도 한층 세련되어졌고, 자원봉사 근무가 없는 밤에는 카드놀이의 일종인 브리지 강습을 받았다.

반면 남편인 레오나드는 은퇴와 함께 사회활동이 줄어들자 풀이 죽기 시작했다. 젠은 레오나드가 면도를 거르고 옷맵시와 외모가 구질구질해지는 것을 목격했다. 그녀의 정당한 외부활동은 위축되었고 동정심이 그 자리를 메웠다. 사랑스럽고 좋은 아버지였으며 점잖은 그를 기억해 냈다. 어떻게 하면 남편을 도울 수 있을까?

그녀는 지역 대학이 노년층을 도와줄 수 있는 강사를 절실히 필요로 한다는 사실을 알게 되었다. 돈을 적게 받고도 즐겁게 일할 수 있는 전문가가 있다는 그녀의 말에 그 대학은 레오나드에게 수업을 맡아 줄 것을 요청했다. 그 결과 레오나드는 활력을 되찾았다. 하지만 그녀는 남편이 홀로 사회활동을 하는 것을 내버려 두지 않았다. 긍정적 와이프스타일로 바뀐 젠은 어느 날 브리지 수업에 멤버 한 사람이 필요하다고 투덜댔다. 그리고 남편에게, 그녀는 (그때 남편을 '레니'라고 불렀다.) 함께할 수 있느냐고 물었다. 그는 "한 번쯤은"이라고 답했다. 한 번이면 충분했다. 브리지는 논리적이고 말끔한 레오나드의 마음을 끌었다. 지금 두 사람은 함께 웃고 얘기하며 브리지 게임을 한다. 브리지 고수가 되어 지역 대회에 출전했고 유람선 여행 중에는 브리지 토너먼트의 상석을 권유받는 수준으로 올라섰다.

단순히 조작된 얘기일까. 그렇지 않다. 젠은 은퇴한 남편과 보다 많은 것을 공유하기 위해 단지 와이프스타일을 수동적에서 능동적으로 바꿨을 뿐이다. 좋은 관계의 유지는 부부 모두 똑같은 책임을 져야 한다.

긍정적 와이프스타일을 형성하는 방안은 다음과 같다.

1 자신에게 정직하라

부부생활이 지루한지 어떻게 아는가? 남편과 대화하는 주제의 목록을 작성하라. 매일매일의 대화 내용이 똑같다면 당신은 남편에 대해 권태를 느끼며, 남편 역시 당신에게 지루함을 느끼고 있다고 봐도 된다. 지역, 사회, 국가 그리고 세계에 무엇이 일어나고 있는지 정보를 얻기 위해 읽고 듣고 배워라. 하루에 적어도 하나 이상의 화젯거리를 만들 필요가 있다.

2 당신의 친구들은 부부간에 오랜 기간 알고 지낸 사이인가

사회활동에 새로운 친구들을 포함시켜라. 자원봉사 활동은 새로운 사람을 만날 수 있는 멋진 기회를 제공한다. 새로 만나는 사람의 나이를 같은 또래로 제한하지 마라.

3 남편의 행복을 자신의 일보다 우선시한 게 언제였던가

당신을 위해, 또 남편을 즐겁게 하기 위해 투입한 시간을 측정하라. 남편을 웃게 한 게 언제인가? 무엇이 남편을 자극하는지 알기는 하는가? 당신은 가장 최근 웃은 게 언제인가? 보다많이 웃으라. 웃음은 전염성이 강하다.

4 최근 남편을 그냥 지나친 적이 있는가

물론 당신은 그런 적이 없다고 말할 것이다. 당신들은 결혼한 지 너무 오래되었다. 당신이 이 책을 읽는 순간 남편이 당신의 주변을 어슬렁거리면 포옹과 키스를 해 주어라. 그리고 사랑한다고 말하라.

5 당신은 자주 푸념하는가

남편과 대화할 때 불만을 많이 표출하는가? 말하기 전에 생각을 먼저 하라. 사람들은 이 명백한 해결 방안을 무시하지만그 답은 정말 단순하다. 직설적으로 화를 내지 마라. 불만을조용히 그리고 이성적으로 표현하라. 그리고 당신이 무슨 생각을 하는지 남편이 알게 하라. 통계적으로 확인된 것은 아니지만 남편은 긍정적 와이프스타일을 가진 부인의 부드럽고 웃는 모습에 좋은 반응을 보이는 게 확실하다.

은퇴 허니문은 6개월,
새로운 일상을 만들어라

야단법석은 끝났고 부인은 은퇴 이후의 삶을 정착시킬 준비가 되어 있다. 하지만 남편을 찾을 수가 없다. 그는 벌써 골프백을 비스듬히 메고 문밖을 나서 연습장으로 향한다. 낚시를 하러 갈지도 모른다. 낚싯대를 챙기고 냄새나는 미끼를 냉장고에서 꺼내고 있다. 당신은 여전히 혼자다.

남편이 은퇴 후 수개월 동안 행방불명 족에 속하더라도 실망하지 마라. 이는 남편이 정신적으로 건강하다는 것을 반영하는 것이며, 언젠가는 은퇴생활을 배워 새로운 삶으로 성큼 들어올 것이다. 부인이 남편의 은퇴계획에 골프나 낚시를 포함시키지 않았더라도 이런 활동을 하는 남편은 은퇴 후 생활을 잘하는 편이다. 그는 어딘가를 가서 무엇인가 할 것이 있다. 당신은 어느 정도 무시당하는 느낌이 들겠지만 그의 건강한 생활은 부부의 은퇴 후 생활에 청신

호다. 남편을 내버려 두고 일정 기간 자유를 만끽하도록 하라. 소파에 기대 하루 종일 리모컨을 만지작거리는 것보다 훨씬 좋은 출발이다.

사실 남성들은 은퇴와 함께 가벼운 일탈을 꿈꾼다. 답답하면 한밤중에 차를 몰고 고속도로를 달리고, 친구들과 훌쩍 여행을 떠나는 등 직장 다닐 때 꿈꿔 왔던 환상을 실현하려는 경향이 강하다. 골프 드라이브 비거리를 부쩍 늘려 지인들을 놀라게 하고픈 욕구도 가지고 있다. 몇 날 밤을 낚시터에서 보내며 월척의 손맛을 느끼고 싶은 마음도 간절하다. 대학 시절 즐겼던 마이티, 홀라 등 카드게임을 하느라 새벽녘에 귀가할 수도 있다. 최상의 채소를 기르고, 원 없이 항해를 하거나 스키를 타길 기대한다. 지미 카터(Jimmy Carter) 전 미국 대통령도 그의 저서 『나이드는 것의 미덕』이란 책에서 연임에 실패한 뒤 낙향해 손주들과 플라잉 낚시를 하며 조울증을 이겨냈다고 술회했다. 이 같은 꿈과 환상은 현실성만 있다면 건강한 것이다.

하지만 은퇴자들이 '아직 늙지 않았다'는 식으로 자신을 증명하기 위해 젊은이들처럼 육체적으로 힘든 스포츠를 하는 것은 말려야 한다. 수십 년간 주로 앉아서 근무한 사람이 육체적 준비도 없이 자전거로 전국 일주를 시도하거나 마라톤, 히말라야 등반 등에 도전하려는 것은 제동을 거는 게 좋다.

남편과의 은퇴 허니문은 6개월이면 충분하다. 일정 기간이 지나면 남편과 자리를 함께하고 다음과 같이 미래계획을 논의해야 한다.

✉ 남편이 환상을 좇아 사는 것은 좋지만 가사는 분담해야 한다. 그의 공정한 감각에 호소하되 그의 시선이 대문 틈새로 향하는 것을 용인하지 마라.

✉ 직장여성이라면 남편이 낮 시간 동안 취미생활을 하는 데 불만을 표시해서는 안 된다. 직장에서 돌아오면 그 시간 동안 함께 지낸 남편의 친구들에게 감사한 마음을 가져야 한다. 하지만 남편이 매일 밤 외출해서 카드놀이를 하는 것을 용인해서는 안 된다.

✉ 부부가 주말에 함께 시간을 보내는 것을 기대하는 것은 너무나 당연하다. 매주 토요일 아침은 함께 집안일을 하고, 토요일 또는 일요일 중 하루를 선택해 각자가 오후를 자유롭게 쉬는 것도 좋은 방법이다. 나머지 주말 시간은 자녀들과 가족 시간을 갖든지 나들이를 하거나 함께 골프 라운딩을 하는 등 둘만의 시간을 갖는 게 좋다.
골프나 낚시, 카드게임처럼 자기 통제가 힘든 활동을 허용하는 기간은 6개월이다.

은퇴한 첫해 설계 돕기

제2의 인생을 위한 설계는 부부가 함께하는 게 좋다. 남편이 만족한 은퇴생활을 하도록 부인이 돕는 방법은 무엇일까.

★ 남편을 과거의 시간에 묶지 마라. 남편은 나름대로 자신의 일상생활을 갖고 있다. 그러나 과거 직장생활 때와 같은 구조는 아니다. 은퇴생활은 오전 9시부터 오후 5시까지 근무하는 '9 to 5' 직장이 아니다.

★ 은퇴가 반드시 생산적인 인생의 종료를 의미하는 것은 아니다. 사회는 다양한 기술과 전문성을 지닌 노년층을 필요로 한다. 제2의 직업, 파트타임, 사회봉사, 창조적 자기계발 등 다양한 방법을 검토해야 한다. 하지만 갑작스레 많은 활동을 요구해서는 안 된다. 어지러운 속도 탓에 산만해져 새롭고 멋진 방향의 신호를 놓칠 수도 있다.

★ 과거에 시간이 없어 하지 못했던 일들을 부부가 함께하라. 조조 또는 심야 할인영화를 함께 보러 가는 것도 좋다. 즉흥적이며 즐거운 이벤트를 그냥 실천하는 것도 경이로운 시작이다.

★ 어디에서 살지 진지하게 검토해라. 변화도 필요하다. 지금의 큰 집에서 그냥 살지, 관리가 손쉬운 작은 집으로 옮길지, 추운 계절엔 따뜻한 곳으로 이주할지 등 은퇴 후 거주지를 심도 있게 검토해야 한다. 시니어타운 등지로 이사하는 것도 바람직한

방안이다. 하지만 귀촌과 같이 갑자기 생활환경이 완전히 바뀌는 곳으로 이주하려면 부부가 반드시 합의해야 한다.

★ 우정 관계를 유지하라. 젊은 연령대를 포함해 새로운 친구를 사귀는 것 또한 두려워할 필요는 없다.

★ 새롭고 즐거운 경험에 마음을 열어라. 특히 지적 생활을 소홀히 하지 말라. 직장을 다니는 동안 문화적 경험을 할 시간이 거의 없었을 것이다. 이제 관심과 마음을 열 시간이다.

★ 세계에 눈을 뜨라. 커피를 마시며 월드 뉴스를 보면 세상을 보는 시야가 넓어진다.

★ 건강 유지는 은퇴 부부의 삶의 질을 높이는 데 큰 기여를 한다.

★ 은행계좌와 부동산을 누구 소유로 할 것인지, 유언장과 신탁은 어떻게 하는지 등 법률문제도 전문가의 자문을 받아 정리해 두는 게 바람직하다.

누가 보스인가
주종관계에서 파트너관계로 전환하라

통탄할 일이지만 두 사람이 일하는 회사에서도 보스는 존재한다. 인류가 사회생활을 한 이후 서열이 있어 왔다는 현실을 감안하면 놀라운 일도 아니다. 특히 한국사회는 물의 높낮이만큼이나 서열에 극히 민감하다. 일단 사람을 만나면 나이, 직급 등을 따져 서열을 정한 뒤 관계를 시작한다. 남녀관계는 더욱 그렇다.

유순했던 남편이 은퇴 이후 "당신의 상관이 말하노니" 식의 강한 어투를 내뱉을 땐 그만한 이유가 있다. 부인의 기분을 거스르더라도 다시 지배력을 확보해 동정적인 분위기에서 벗어날 필요가 있다고 느낀 탓이다. 하지만 은퇴 이후에는 부부가 더 많은 시간을 함께해야 하기 때문에 평소의 습관을 바꿔야 한다. 은퇴 이후 빠른 시일 내 부부관계를 주종에서 파트너십으로 전환하면 분노와 슬픔을 줄일 수 있다.

이 같은 관계를 성취할 수 있는 가장 좋은 방법은 무엇인가. 퉁명스럽게 정면충돌해 그 목적을 이룰 수도 있으나, 그와 같은 전술은 결국 갈등만 키울 뿐이며 보다 부드러운 접근이 행복하고 오래 지속되는 해법이다.

어느 60대 부인이 들려 준 가전제품 매장에서 결정권을 둘러싼 남편과의 치열한 기 싸움과 갈등 해소 해법이다. 남편이 은퇴하자 행복한 노후를 위해 그녀도 은퇴를 결심했다. 첫 몇 개월 동안은 정말 잘 지냈다. 남편은 다소 큰 단독 주택의 침실 하나를 사무실로 개조했고, 부인도 집안일을 하며 행복해했다. 어느 날 냉장고가 고장 나 수명이 곧 다할 것이라는 가전제품 수리기사의 통보를 듣기 전까지는 그랬다. 그녀가 남편에게 이 사실을 전하자 그는 새로운 프로젝트가 생겼다는 듯 얼굴이 밝아졌다. 즉시 가전 관련 전문 잡지를 몽땅 사고 최상의 냉장고를 사기 위한 연구에 돌입했다. 일주일 후 그는 아침부터 새 냉장고를 사러 외출하겠다고 통보했다. 부인은 "잠깐 기다려요, 함께 가서 사야지."라며 제동을 걸었다. 일순간 침묵이 흐른 후 그는 동의했고, 대형 가전제품 판매점을 함께 갔다. 점원이 남편에게 다가와 도움이 필요하느냐고 묻자 그는 "냉장고를 사러 왔다."며 부인을 무시한 채 매장을 둘러보기 시작했다. 그는 30분간 제품을 비교한 끝에 제품을 선택했다고 부인에게 말했다. 그녀는 즉각 "그 제품은 맘에 들지 않아요. 냉장고를 깨끗이 관리하려는 부인을 싫어하는 사람이 선반을 설계한 것 같아. 에너지 절약

효과는 있을지 모르지만 내구력이 떨어져서 청소하기 어려운 문제점도 안고 있어요. 처음 보았던 제품이 좋은 것 같아요."라고 응수했다. 남편은 복어처럼 부풀어 올라 점원에게 "다시 오겠소. 우리가 아니라 나 혼자서."라고 말했다.

집으로 돌아오는 차 안에서 남편은 가전제품을 살 때 여성들이 남성의 결정을 따라야 하는 이유를 강의하기 시작했다. 남성들이 여성보다 기계적 원리를 더 잘 이해할 뿐만 아니라 자신은 냉장고와 관련된 모든 것을 연구까지 했다는 것이다. 그녀는 즉각 가전제품 가게에서 남편이 취한 고압적 자세를 통렬하게 비난했다. 그녀의 분노는 과거에서 더 과거로 거슬러 올라갔다. 차 안이 되받아치는 비난과 파괴적인 용어로 가득 찼을 것은 보지 않아도 상상이 간다.

수 주일 동안 이 부부는 냉장고보다 더 냉랭하게 지냈다. 남편은 뾰로통한 상태로 자신의 서재 안을 외롭게 왔다 갔다 했고, 부인 역시 양념 선반을 수없이 정돈하며 부엌에서 헤맸다. 저녁이 유일하게 함께하는 시간이었지만, "반찬 접시 좀 밀어 줘."라는 형식적인 대화만 오갔다. 예상치 못한 별거 아닌 별거에 두 사람 모두 불행함을 느꼈다. 해법을 찾지 못하면 어려움이 시작될 것이란 현실을 깨달았다.

부인이 이 난제를 타개하기 위해 먼저 움직였다. 그녀는 자신이 그 간격을 메워야 한다는 사실을 깨달았고, 남편에게 키스와 함께 화해를 청하기에 앞서 계획을 세웠다. 그녀는 앉아서 지난 며칠간 일어난 일의 윤곽을 담은 리스트를 만들었다.

우선 '냉장고 사건은 문제의 전조이지 그 자체가 문제는 아니다' 라는 결론을 내렸다. 그녀의 분석이 맞았다. 남편이 냉장고 구입 시 결정권을 가지려는 것은 불안 심리의 표현인 셈이었다. 구매에 대한 지배권을 유지함으로써 가정일도 통제하겠다는 것이다. 이제 대기업 구매부서의 최고 책임자는 아니지만 냉장고 한 대쯤은 마음대로 살 수 있다는 게 그의 생각이었다.

두 번째 목록은 '이 상황을 어떻게 개선시킬 수 있는가?', 나아가 '앞으로 이런 갈등을 방지할 수 있는 방법은 있는가?' 였다. 직관력이 뛰어난 부인은 즉시 다음과 같은 해법을 마련했다. 첫째, 그녀는 쿵쿵거리며 작업실을 맴도는 야수를 달래야 했다. 평소의 정숙한 접근방식 대신 팔을 껴안고 "거실로 들어와요. 침대에서 해 줄 말이 있어요."라고 말했다. 이 대목에서 웃지 마라. 남편은 뜻밖의 일에 당황해 아무런 대답도 못했지만 침실로 들어갔을 것이다.

그녀는 분위기가 좋아지자 "당신을 대단히 사랑해요. 때문에 남은 여생 동안 주도권을 놓고 시간을 허비하길 원치 않아요. 협약을 맺읍시다. 당신은 당신의 전문 분야가 있고 나도 마찬가지이니 당신이 나의 분야를 존중하면 나도 당신의 분야를 존중하겠어요."라고 말했다.

남편이 절대 권력을 행사한 게 그것이 마지막은 아니었다. 하지만 지금도 그가 불평을 시작하면 현명한 그녀는 남편의 팔을 껴안고 "협약을 상기합시다."라고 속삭인다고 한다.

이 부부의 가정에는 더 이상 사장과 종업원의 관계가 존재하지 않는다. 두 사람은 사랑과 대화를 통해 문제를 해결하는 것을 배웠다.

영역 다툼: 남편만의 공간을 마련하라

은퇴한 가정의 부인들로부터 가장 흔하게 듣는 불만은 "남편이 항상 내가 가는 곳에 있어서 필요한 곳 어디에나 남편이 있는 것처럼 보인다. 영역 다툼을 벗어날 방법은 없는가. 나를 미치게 한다."는 것이다. 일본 황혼이혼의 주요 이유 중 하나도 남편이 주방을 빈번히 드나들며 부인의 고유 영역을 침범한 결과라고 한다. 하지만 당신은 이제 이 집이 남편의 집이기도 하다는 사실을 깨달아야 한다. 남편은 수십 년 간 상당 시간 집을 떠나 지냈지만 이제 은퇴를 했다. 이 집은 당신과 마찬가지로 그의 영역이기도 하다. 이 같은 영역 다툼을 웃음으로 받아들이는 부인들이 던지는 힌트는 다음과 같다.

★ 은퇴 후 빠른 시일 내 부부간 일상생활의 습관을 파악하라. 배우자가 특정 시간에 어디 있는지 안다면 부딪치지 않도록 이동 경로를 변경할 수 있다.

★ 사생활은 중요하다. "남편이 직장을 다닐 때는 침실에 딸린 화장실을 사용했지만 은퇴 후에는 우아한 침실 화장실은 남편에게 내주고 손님용 화장실을 개조해 사용하고 있다."고 한 부인은 전했다.

★ 은퇴 후 작은 집으로 이사해 더 이상 큰 서재가 없다면, 거실을 아늑한 장소로 개조하라. 비록 당신이 좋아하는 멋진 프랑스풍 가구를 포기하더라도 그쪽이 낫다.

★ 남편이 취미나 업무용으로 사용할 수 있는 여분의 공간을 만들어 주어라. 남편 스스로가 사랑받고 필요한 사람이란 느낌을 갖게 되면 나름의 프로젝트에 착수할 것이다. 남자는 프로젝트를 좋아하는 경향이 강하다.

★ 남편이 직접 요리를 원하면 그냥 둬라. 어설픈 솜씨라도 그는 그 일로 바쁠 것이다.

스트레스가 없는 환경을 만드는 것은 주부에게 달려 있다. 세 가지를 명심하라. 친절하고 공정하라. 무엇보다 남편을 위해 평온한 삶을 마련하는 사랑스럽고 배려 깊은 부인이 되어야 한다.

주도권 행사
항상 남편보다 한 걸음 앞서라

남편의 권력 행사에 희생이 되지 않은 부인을 찾기는 사실상 힘들다. 아무리 멋진 남편이라도 규칙을 정한 뒤 부인을 그의 생각에 따라 행동하도록 한다. 은퇴한 남편들의 특정한 상황에서의 은근한 주도권 행사는 정말 유치할 정도로 다양하다.

자동차 사용이 대표적인 예다. "당신 오늘 자동차 사용할 일이 없지? 엔진 오일을 갈려고 하거든." 부인이 친구를 만날 계획이 있거나 그녀가 집에 있길 원하는 날엔 항상 이런 말을 먼저 던진다. "이번 일요일에는 아무런 계획도 잡지 마. 집에서 한일 대표팀 축구경기를 봐야 해. 그 프로그램을 놓치기 싫어." 그가 좋아하는 것에 방해가 될 것이란 예감이 들면 미리 제동을 걸어두는 전략이다.

"친구들과 즐거운 시간 보내고 와. 하지만 오후 5시까지 귀가하는 것은 잊지 마." 왜? 남편이 저녁을 제시간에 먹기 위해 조그마한 권력을 행사하는 것이다. "몇 시에 온다고 했지? 차가 필요한데." 남편이 부인의 귀가 시간을 실제로 잊을 수도 있다. 하지만 남편은 부인이 몇 시에 귀가하는지 분명히 알고 있으며, 단지 자신의 편의를 위해 당신에게 명령을 내리는 조그만 트집이라는 게 부인들의 공통된 시각이다. "약속보다 30분 늦었어. 걱정했단 말이야." 실제로는 그렇지 않다. 은퇴한 남편의 권력 행사에 대한 부인들의 공통적인 불만은 "언제 어디서든 나를 필요로 할 때 옆에 있길 강요한다."는 것이다.

부인들이 남편에 대한 사랑과 돌봄에 지나치게 비판적인 것은 아닌가. 그렇게 생각한다면 당신은 천국에서 결혼생활을 하거나, 아니면 지나치게 순진한지도 모른다. 결혼생활은 파트너 간의 사랑을 바탕에 깔고 있다. 그리고 여타 파트너십과 마찬가지로 사람 또는 경우에 따라 권력이 이동된다. 힘이 빈번하게 당신으로부터 멀어지지 않도록 하기 위해서는 남편의 교묘한 조작에 대응해 대답과 행동패턴을 바꿔 방어해야 한다.

예를 들어, 남편이 당신의 일정을 묻지 않고 차를 쓰겠다고 말할 때 당신이 차를 쓸 계획이 없다면 "그래요. 여보."라고 말하면 된다. 하지만 당신이 차를 쓸 일이 있다면 웃으면서 "내가 자동차를 꼭 이용해야 하는데 당신이 다른 날 쓰면 안 될까? 물론 당신을 위해 내 계획을 바꿀 수도 있어."라고 응대하는 게 좋다.

"이번 일요일에는 다른 계획을 잡지 마."라는 요청에는 "좋아요.

친구 집, 또는 아들의 집, 또는 시장에 가면 돼."라고 답하면 된다. 남편은 자기가 판 함정에 빠질 것이다. 그는 집에 홀로 남아 모든 일을 스스로 해야 한다. 러시아워에 대한 걱정에는 언질을 주지 마라. 미소를 띠며 "최선을 다하겠지만 아무것도 확답할 수는 없어. 교통 체증 알잖아." 남편은 할 말이 없을 것이다. "당신이 몇 시에 귀가하는지 기억하지 못하는데."라며 상투적인 수법으로 짜증나게 할 경우 "귀가시간을 얘기 안 한 것 같네. 일이 끝나면 가능한 한 빨리 갈게."라고 답하는 게 좋다. 시간 약속을 하기보다는 친절한 목소리로 "당신을 사랑해. 하지만 날 다그치지는 마."라고 반응하면 된다.

남편을 사랑하지만 그는 은퇴 후에도 여전히 '사장님 가라사대'란 게임을 하려고 한다. 당신이 원하지 않으면 이를 견디기 어려울 것이다. 미소, 키스와 같은 다정함과 함께 단호하게 자신의 입장을 표명해야 남편의 상투적인 '보스' 게임을 무너뜨리고 파트너십을 형성할 수 있다.

결혼생활에서 문제점을 표면화하지 않고 속을 끓이면 작은 일도 큰일이 될 수 있다. 작은 일에 불만을 표시하지 않거나 무시하면 축적되어 끝내는 화로 폭발하게 된다. 대화의 채널을 열면 그를 통해 많은 문제들이 빠르고 쉽게 해결될 수 있다. 마음을 읽는 것은 결혼조건의 일부가 아니다. 부부가 서로 무엇을 느끼고 생각하는지 상대방에게 말하지 않는다면 마음과 가슴속에 무엇이 있는지 알 수 없다.

가사노동의 분담
직장에서의 은퇴가 결혼생활의 은퇴는 아니다

"내가 하는 집안일은 당연히 주어진 의무이고, 남편의 집안일은 친절한 행위다. 그가 더 이상 밖에서 일을 하지 않는 지금도 이런 차별이 왜 계속되어야 하는가?" 60대 부인의 유머 섞인 지적이다. 그녀는 그가 더 이상 밖에서 8시간 동안의 일을 하지 않는 이상, 집안일은 이제 '우리의 일' 이라고 강조했다.

대부분의 남성들은 집안일을 거들어 달라고 부탁하면 "내가 원하지 않는 한 당신의 일" 이라며 비비 꼰다는 것이다. 실제 한국의 경우 하루 가사노동 시간은 여성이 3시간 30분, 남성은 45분 정도인 것으로 조사됐다. 여성의 지위가 급상승하고 있지만 여성이 남성보다 4배 이상 가사노동을 한다는 계산이다. 이 부인은 "내가 왜 항상 쓰레기를 버려야 하냐?"고 남편이 반문하자 "나는 항상 식사를 준비하기 때문이죠. 당신이 원하면 임무를 바꿀 수 있어요. 나의 마음은 열려 있거든요."라고 답했다고 전했다.

또 다른 부인의 얘기다. 남편과 동시에 은퇴한 뒤 단독주택을 처분하고 노인 공동 주거단지로 이사했다. 남편은 "우린 은퇴해서 이제 시간이 많아. 집안일을 도우는 사람은 더 이상 필요치 않아. 우리 스스로 집안일을 해도 충분해."라며 자신감을 표시했다. 부인은 진심으로 남편의 말에 동의했다. 문제는 다음 날부터 남편은 밖을 나돌았고 부인 혼자서 집안일을 하는 처지에 내몰린 것이다. 화가 치밀 수밖에 없다.

여전히 직장을 나가는 다른 부인의 경우다. 힘들게 일을 하고 귀가하자 남편은 안락의자에 누워 독서를 하고 있었다. "오늘 무엇을 했어?"라고 묻자 "아무것도 안 했어. 내가 은퇴 중인 걸 모르나 보지."라는 시큰둥한 답이 돌아왔다. 그 상태로 3주가 지나자 부인은 드디어 폭발했다. "당신은 직장으로부터 은퇴했는지 모르지만 결혼생활에서 은퇴한 것은 아니야. 나를 도와주기 시작해야 해."

집안일을 부인 몫이라 믿는 구세대 남편과 살면 처음에는 가사분담을 놓고 힘든 싸움을 벌이며 초조해진다. 직장을 다니는 부인의 경우는 잔소리하고, 울부짖고, 고함을 치기도 한다. 하지만 1년이 지나면 부인들은 자신들의 대응 방식이 유일한 것은 아니란 현실을 인정하고, 소파에 기댄 남편을 파트너로 받아들이기 시작한다.

부부간에 진정한 파트너십 관계를 형성하면 결혼생활은 이전보다 더욱 돈독해진다. 가사분담 갈등을 해결한 부부들이 제시하는 조언은 다음과 같다.

📧 남편에게 집안일의 분담을 위한 협의 시간을 미리 약속하라. 그러나 뜻밖의 요구는 하지 마라. 남성이든 여성이든 명령으로 생각되는 요구에는 강한 거부 반응을 보인다. 협의를 하는 동안 남편은 다양한 반응을 보일 것이다. 당신의 제안을 수락하고도 할 일을 미루는 게 하나의 경우다. 남편이 마침내 그 일을 할 수도 있지만 당신은 그때까지 좌절 속에 매우 불안한 시간을 보낼 수도 있다.

📧 당신의 요구는 정당해야 한다. 당신이 직장을 다니고 있다면 주부의 평소 집안일보다 더 많은 양을 남편에게 요구할 권리가 있다. 부부 모두 은퇴를 했다면 가사분담은 똑같아야 한다.

📧 가사분담 계획을 짤 때 부인이 남편의 일을 당연시하는 경우가 있다. 차고를 청소하고 쓰레기를 내다 버리는 일들이 그 예다. 한 남성은 "화초를 다듬고 쓰레기를 버리는 일은 즐겁지 않다. 실제로 힘든 허드렛일이다. 집사람도 그 사실을 인정해야 한다."고 지적했다.

📧 가사분담 목록을 만들기 전 부부가 어떤 일을 좋아하고 싫어하는지 논의해야 한다. 두 사람 모두 싫어하는 일은 교대로

하는 게 좋다.

요리는 자신의 일로 혼자 하는 게 좋다고 생각하는 부인들이 많다. 만약 남편이 요리를 시도하면 꾹 참고 그렇게 하도록 둬라. 지금 전국에 부는 요리 열풍을 감안한다면 은퇴남편도 요리에 관심을 가질 수도 있다. 하지만 대부분의 남성들은 요리하는 것을 원치 않으며, 한두 차례 시도한 후 포기하는 경우가 더 많은 게 사실이다. 집에서 세 끼를 해결하는 삼식이 남편을 싫어하는 것은 세 끼 식사 준비의 불편함보다 남편이 하루 종일 집에 머물러 있는 현실에 대한 반감이 더 강하게 작용한 결과다. 경찰 간부 출신 한 남성은 "나는 요리하는 게 싫어. 당신이 식사를 준비하는 동안 나는 청소를 할게."라고 부인에게 말했고 부인은 즉시 동의했다. 정말 운 좋은 부인이다.

불행한 경우지만 부부 중 한쪽이 정상적인 활동을 하지 못할 때가 오면 다른 쪽이 집안일을 도맡아야 한다. 부부간에 아무리 가사를 분담했다 하더라도 임무를 바꿔야 하는 상황이 발생한다. 때문에 부부 모두 집안을 운영하거나 운전할 줄 알아야 한다. 평소 운전을 못했던 한 여성은 은밀하게 학원을 다녀 남편의 은퇴선물로 면허증을 보여 주었다. 대중교통 수단에 의존하는 부인을 걱정해 온 이 남편은 그녀의 운전 면허증에 크게 기뻐했다고 한다.
집안일을 공평하게 나누는 것은 은퇴 이후 대단히 중요한 과제다. 하지만 지나치게 경직되게 그 규칙을 적용해서는 안 된다.

슈퍼마켓 소동

빈번히 부인들의 속을 끓이는 은퇴한 남편들의 공통된 습관은 통칭 '슈퍼마켓 쇼핑' 이다. 당신이 남편과 함께 자주 식품점 쇼핑을 하지 않았다면 왜 이런 하찮은 문제를 꺼내는지 의아할 수도 있을 것이다. 부부가 함께 쇼핑하는 데 문제가 없다면 행운이다. 은퇴한 남편들과의 슈퍼마켓 쇼핑을 언급하면 부인들의 한탄사는 길어진다.

대부분의 가정주부는 매주 식품 가게와 세탁소를 들른다. 특히 할인점 또는 대형 슈퍼마켓을 들러 쇼핑하는 것을 좋아한다. 쇼핑을 싫어하는 부인들도 슈퍼마켓은 간다. 그것이 자신의 일이라고 생각하기 때문이다. 어떤 부인은 쇼핑을 친구들을 만나는 나들이로 생각하기도 한다. 아무런 죄책감 없이 돈을 쓸 수 있다는 이유로 식품 쇼핑을 좋아하는 부인도 있다. 자신이 계획했던 것보다 적은 양을 샀을 경우 가벼운 홍분을 느낀다고 한다. 신문이나 카탈로그에서 오려

낸 쿠폰에 신앙과 같은 믿음을 갖고 계산대에 제시하기도 한다.

쇼핑에 대한 부인들의 성향에 관계없이, 부부가 함께 슈퍼마켓을 가면 때론 전면전 양상에 직면하게 된다. 부인이 돈을 어디에 쓰는지 보는 것을 자신의 의무라고 느끼는 은퇴남편이 의외로 많다.

조금도 과장되지 않은 직접 체험한 얘기다. 은퇴부부가 대형 할인점 농수산물 코너에 들어섰다. 부인이 앞서 쇼핑을 하면 남편은 카트를 끌고 뒤따라 다녔다. 그는 부인이 과일이나 야채 묶음을 카트에 담을 때마다 그 물건들을 일일이 검사했다. 그녀가 사과를 사면 그는 그중 세 개를 진열대에 다시 갖다 놓았다. 부인이 토마토를 사자 그는 피식거리며 되돌려 놓은 뒤 개당 2백 원이 싼 샐러드용 토마토를 카트에 담았다. 샐러드용 토마토는 색깔이 변하고 맛이 없게 보였지만 그는 값싼 물건을 샀다는 확신을 나타냈다. 부인의 표정이 바뀌었다. 그리고 그녀가 고른 신선한 버섯 묶음을 남편이 샅샅이 뒤지기 시작하자 드디어 폭발했다. "당신은 식품에 대해 많이 알고 있다고 생각하죠. 여기 사야 할 목록이 있어요. 당신이 쇼핑을 해." 그리곤 쿵쿵거리며 슈퍼마켓을 나가 버렸다. 아마도 화가 나 자동차로 갔을 것이다.

그 부부는 집에 어떻게 왔을까? 긴 침묵만 흘렀을 것이다. 남편은 쇼핑 목록을 보며 사지 않은 나머지 물건을 찾았을까? 물론 화해는 했을 것이다. 하지만 그런 일이 다시 벌어지지 않을 거라고 확신할 수는 없다. 또 이 커플이 어떻게 냉전을 풀었는지도 알 수는 없다.

내가 만난 부인들은 다음과 같은 조언을 했다.

남편이 당신과 함께 쇼핑하기로 결심했다면 쇼핑 목록을 두 개 만들어라. 하나는 남편의 것, 다른 하나는 당신 것이다. 슈퍼마켓에 들어서면 남편에게 그의 리스트를 쥐어 줘라. 카트는 각자 사용해라. 그리곤 쇼핑 시간을 정하고 서로의 시계를 맞춘 뒤 만날 장소를 정해라. 한 부인은 남편을 45분간 잃어버렸다고 했다. 그는 쇼핑 대신 전자 잡지를 읽고 있었기 때문이다.

남편이 모든 물건을 다 살 기회를 주는 것도 좋다. 남편들이 나홀로 쇼핑을 시작하면 이유는 모르지만 부인들이 같은 목록을 살 때보다 30분에서 1시간 정도 더 많은 시간을 소비한다는 게 부인들의 공통된 견해다.

당신이 쇼핑에 정말 관심이 없는 부인이라면 남편에게 쇼핑 목록을 쥐어 줘라. 물건 값을 남편이 아는 것은 좋다. 그리고 할인쿠폰을 들고 있는 사람 뒤에서 짜증스러운 표정으로 이를 지켜보고, 수표를 못 찾아 허둥대더라도 기다려라. 그가 쇼핑에 나서면 좋아하는 책이나 최근 도착한 잡지를 꺼내 들고 차를 마시며 그 시간을 즐기면 된다. 몇 시간의 자유시간을 누릴 수 있을 것이다.

돈, 누가 관리하는가?
조그만 뒷주머니는 각자 차라

　직장에서 퇴직 통보를 받으면 '앞으로 무엇을 할 것인가'에 앞서 '나는 얼마를 갖고 있나'를 먼저 생각하게 된다. 수억 원대의 연봉을 받는 대기업 사장이나 금수저를 물고 나온 재벌가 출신을 제외한 대부분의 봉급자는 우선 퇴직금과 보유한 각종 금융상품, 부동산의 가치를 계산하며 미래의 주머니 사정을 가늠하게 된다. 부인이나 가족 몰래 만들어 둔 비자금의 무게도 정말 중요하다. 퇴직했다고 동창회, 골프모임 참석 등 품위 유지를 안 할 수 없는 게 현실이기 때문이다. 특히 경조사비는 퇴직자들에겐 준조세처럼 정말 골칫거리다.

　남편이 직장을 다닐 땐 부인이 집안 살림을 도맡아 하는 경우가 일반적이다. 하지만 남편이 퇴직하면 상황은 달라진다. 미래에 대한 불안이 부인의 재정권을 넘보게 한다. 모임 또는 경조사에 갈 때마다 부인에게 돈을 타내는 일 역시 구차스러운 게 분명하다. 부인이 그 과정에서 지출이 많다며 불만을 표시하면 "내가 번 돈을 달라는데 무슨 말이 그렇게 많냐?"며 즉시 싸움으로 번진다. 우리 주변에서 흔히 볼 수 있는 광경이다.

물론 노후대책을 잘 세운 가정이나 나름 비자금을 확보해 둔 부부의 경우는 누가 돈을 관리하느냐를 놓고 새로운 갈등이 발생하지 않을 수 있다. 하지만 국민연금연구원이 2015년 7월 발표한 노후준비실태 보고서에 따르면 50대 이상의 경우 19.6%만이 노후준비를 하고 있는 것으로 조사됐다. 80% 이상의 가정은 은퇴 후 이 같은 갈등의 소지가 있다는 얘기다.

그렇다면 은퇴 후 자금은 어떻게 관리하는 게 좋은가. 그야말로 커플만큼이나 그 답도 다양했다. 신용카드 한 개를 공동으로 사용하는 경우, 주급 또는 월급 형태로 남편이 주는 돈을 받아 살림을 하는 부인, 정반대로 부인이 경제권을 쥐고 남편이 필요할 때마다 조금씩 주는 경우, 부인은 전기료 등 가계비를 담당하고 남편은 부동산 투자 또는 세금을 담당하는 가정 등이다.

가계 계정을 각자 별도로 갖고 있는 부부도 있다. 퇴직금을 받았을 때 가계 생활비에 필요한 돈과 저축할 돈을 계산한 뒤 나머지는 배분하여 각자의 계좌에 저축하는 형식이다. 다소 여유 있는 가정은 이런 방식이 합리적일 수도 있지만 분배 과정에서 갈등의 소지도 있다.

재정관리 문제를 극복한 부인들이 제시한 현실과 해결 방안은 다음과 같다.

은퇴남편이 직장을 가진 부인에게 그녀의 통장을 관리하겠다고 나설 수 있다. 하지만 대다수의 직업을 가진 여성들은 이런 방식을 당연히 거부할 것이다. 계좌를 두 개 이상 개설해 하나는 남편의 용돈과 가계비, 다른 하나는 자신을 위해 사용하는 방식을 통해 자신의 수입을 부분적이나마 관리하길 원한다.

남편이 주는 돈 이외에는 자신의 수입이 없는 부인의 경우 남편과의 협상에서 저자세를 보일 수밖에 없다. 이 경우 집안일과 요리와 같은 서비스, 나아가 섹스까지 중단을 선언할 수 있지만 현명한 처사는 아니다. 남편에게 전적으로 의존하는 상황을 견딜 수 없다면 카운슬러를 찾아보는 게 좋다는 게 부인들의 공통된 견해다.

남편이 직장을 다니는 동안 모든 가계비를 관리해 온 한 부인은 남편이 은퇴 다음 주에 통장을 요구하자 초조해졌다. "그가 일하는 동안 가계를 충분히 잘 꾸려 왔는데 지금 내가 가계비를 적절치 않게 사용하고 있다고 남편이 생각할 이유가 있는가?"

해법은 두 가지로 나뉜다. 한 부인은 "가계 청구서를 관리하는 것은 골치 아픈 일이다. 모든 것을 남편에게 넘겨주고 앞으로 여가 시간 동안 멋진 일을 하는 게 낫다."고 말했다. 또 다른 부인은 "가계를 관리하는 게 좋다. 하지만 남편이 가계비 장악을 통해 집안의 보스라고 느낀다면 굳이 배를 흔들고 싶지는 않다."고 말했다. 많은 부인들은 후자를 택한다.

그 어떤 경우든 대부분의 가정주부는 가계지출을 관리하는 데 만족감을 표명한다. 또 설명이 필요 없는 자신만의 돈을 갖길 원한다. 큰 지출을 직접 하는 것을 원하는 것 또한 사실이다. 남편 역시 마찬가지다. 퇴직금은 자신의 인생 성적표라고 생각하며, 사실 그렇기도 하다. 따라서 퇴직금을 정산하는 과정에서 남편이 비자금을 조성하더라도 이를 묵인해 주는 게 좋다. 부부 모두가 조그만 뒷주머니를 차는 것은 오히려 금전적 갈등을 줄이는 현명한 방법일 수도 있다. 알고도 모르는 척 넘어가 주는 지혜가 필요하다는 얘기다.

가계비를 관리하는 데 정답이 있을 수는 없다. 분명한 것은 당신이 결혼 후 30년간 직장을 갖지 않고 집안일을 돌보았더라도 부부가 가진 돈은 남편만큼이나 당신도 노력해 모은 것이다. 당신에게도 그 돈을 어떻게 사용할지 말할 권리가 있다.

수비형 전략이 필요
자녀에게 과다지출은 곤란하다

　은퇴 이후 제2의 일자리를 잡아도 이전보다 수입이 줄어드는 게 현실이어서 자녀들 뒷바라지 하느라 모아둔 돈이 적다면 자연히 초조해질 수밖에 없다. 전국 곳곳에 음식점이 즐비한 것도 은퇴자들이 너무 조급하게 자영업에 나선 결과다.

　은퇴하면 우선 나만의 현금흐름표를 만드는 게 중요하다. 이를 위해 먼저 가계의 수입과 지출을 꼼꼼히 계산해 볼 필요가 있다. 국민연금(공무원, 사학연금 포함), 개인연금, 퇴직연금, 금융상품, 투자수입, 월세수입 등으로 매달 들어오는 수입과 집안관리, 병원비, 자녀지원 등 불요불급한 지출을 계산해 얼마나 남는지 가늠해 보는 것이다. 그 결과에 따라 해외여행 등 여가 비용, 질병, 재해 등에 대비한 보험 성격의 비용 등을 책정할 수 있다. 대충 아껴 쓰고 보자는 식으로 가계를 꾸려 나가기에는 우리의 수명이 너무 길어졌다.

하지만 자녀들의 결혼 등을 생각해 여윳돈 이상으로 주식이나 상가에 투자하는 것은 위험하다. 나이가 들수록 한번 위기에 빠지면 빈손으로는 일어나기 힘들다. 자식들에게 결혼 및 생활자금 등을 과다하게 지급하는 것도 금해야 한다. 자식이 최대 재테크인 시대는 이미 지나갔기 때문이다. 자녀들의 바람직한 미래를 위해서도 홀로서기를 하도록 물질적보다는 정신적으로 지원하는 게 바람직하다.

이것저것 제하다 생활비가 부족하면 소유한 주택을 활용해 주택연금(역모기지론)을 받는 것도 바람직한 방법이다. 집을 담보로 맡기고 연금형태로 은행으로부터 돈을 받아 생활하다 부부가 사망하면 금융회사가 값어치를 따져 자녀들과 나누는 제도다. 노부부에게는 살아생전 경제적 도움을 주고 부동산 등을 둘러싼 자녀들 간의 분쟁도 해소할 수 있어 요즘 각광을 받는 금융상품이다. 노후에 발생할 예기치 못한 질병 등에 대비해 집 한 칸은 반드시 부부 명의로 보유해야 하는 이유다.

고수익에는 반드시 고위험이 따른다는 점도 유의할 필요가 있다. 요즘 같은 초저금리 시대에 고수익을 보장해 준다면 일단 유사 금융상품 또는 부동산 사기 등으로 생각하고 피하는 게 좋다. 특히 부동산에 투자할 때는 환금성을 항상 생각해야 한다. 농촌 지역 부동산의 경우 싼 게 그야말로 비지떡일 수 있다. 필요할 때 돈을 못 쓰게되면 나이가 들수록 실패의 정도가 심해진다. 은퇴 이후에는 돈을 벌어들이는 공격형보다 절약하는 수비형에 능할 필요가 있다.

그렇다고 미래 걱정에 너무 움츠러들지 마라. 그동안 힘들게 살아온 당신. 새 옷을 입고, 해외여행을 가는 등 자신을 위한 가끔의 호사도 필요하다.

- 현금흐름표를 만들고 가계부를 쓰라.
- 기대수익은 낮추고 고수익 상품은 일단 의심하라.
- 부동산 투자 시 환금성을 확보하라.
- 주택연금을 고려하라.
- 음식점 등 자영업 진출은 신중해야 한다.
- 자녀 결혼 등에 과다한 지출은 곤란하다.
- 자녀에게 조기 상속하지 마라.

얼마나 있어야 행복한가

10년 전 한국경제신문 부국장 재직 시절 동료 기자들과 팀을 이뤄 『생애 재무 설계』란 책을 발간했다. 장수시대를 맞아 은퇴 후 풍요로운 삶을 위해 자신의 재산을 효율적으로 관리하는 데 초점을 맞춘 책이었다. 그 테마 중 하나가 '나는 지금 부자인가, 그리고 노후대비 얼마나 모아야 하는가'였다. 당시 우리나라의 대표적 중산층으로 분류되는 서울과 수도권 기업에 근무하는 중간 간부급 6백여 명을 대상으로 퇴직 후 필요한 노후자금 규모를 묻자

70% 이상이 7억 원(국민연금, 퇴직금 포함) 이상이라고 답했다. 당시 삼성생명이 기초생활비를 근거로 산출한 노후자금 4억 7천만 원보다 50% 많은 규모였다. 임원들의 경우 10억 이상이 필요하다고 답했다. 이른바 베이비부머 세대를 시작으로 고속성장 시대를 살아온 직장인들은 그 정도는 가져야 1년에 한두 번 해외여행을 하는 등 나름 품위를 유지하며 노후를 보낼 수 있다는 생각이었다.

우리 부부 역시 노후 관련 토론회나 강연에 참석하면 '돈이 곧 효자'라며 노후를 위해 주머니를 가급적 채워 놓도록 주문했다. 자식들에게 미리 재산을 물려주는 일은 효자를 없애는 지름길이라는 말도 덧붙여 왔다.

하지만 얼마나 많은 돈을 가져야 하는가에 대해서는 『얼마나 있어야 충분한가(HOW MUCH IS ENOUGH?)』란 저서를 탐독한 이후 상당히 바뀌었다. 경제학자인 케인스의 일생을 연구한 로버트 스키델스키(Robert Skidelsky)와 철학자인 에드워드 스키델스키(Edward Skidelsky) 부자가 공저한 이 책은 우리가 충분히 많은 돈을 이미 갖고 있으면서도 항상 불안한 것은 탐욕 탓이라는 점을 강조하고 있다.

좋은 삶(good life)이란 무엇인가. 이 책은 필요(needs)와 욕구(wants)란 개념을 제시하며 논리를 전개한다. 필요가 다 충족되고 불편함이 사라지면 고요한 만족감이 아니라 오히려 불만의 상태가 남는 현대인의 문제점을 역사적으로 고찰했다. 특히 경제학을 탐욕이란 악마와의 파우스트적 협상이라고 비판했다. 고대 그리스 철학자 아리스토파네스는 돈과 관련하여, "아무도 그대를 충분히 가질 수 없다."고 했다. 아리스토텔레스는 "부는 우리가 추구하는 선이 아닌 것이 분명하다."며 건강, 안전, 존중, 개성, 자연과의 조화, 우정, 여가를 선의 대상으로 제시했다.

하지만 여가의 질을 높이기 위해 장비를 갖출수록 그 비용을 마련하기 위해 더 많은 일을 해야 하는 딜레마에 빠져드는 게 현대인이다. 여가는 자유시간이 아니라 값비싼 시간이 되고 있다.

얼마나 많은 돈이 필요한가. 1988년부터 국민연금을 낸 베이비부머 세대에게 국민연금은 결코 용돈 수준이 아니다. 인간다운 생활을 할 수 있는 충분한 잠재력을 제공해 주는 매력 있는 자금이다. 여기다 퇴직연금, 개인연금, 그리고 집을 저당 잡혀 돈을 마련하는 주택연금 등을 체계적으로 활용하면 남을 도우면서 살아갈 수 있는 여력을 갖고 있다는 사실을 발견할 것이다. 특히 경조사비, 골프비 등이 대폭 줄어드는 70세를 넘어서면 자신을 위해 지불할 비용은 대폭 줄어든다. 탐욕을 뺀 미래를 설계할 수도 있는데 우리는 괜한 돈 걱정을 하고 있는지 모른다.

물질적 부자와 정신적 부자, 행복한 부자와 행복하지 못한 부자 등 여러 유형으로 구분한 뒤 자신이 나아갈 길을 정해 보는 게 어떠할지.

남편은 은퇴/부인은 취업 중

부부 관계에 있어 독립성 유지는 상호 자유를 누릴 권리를 향유한다는 점에서 바람직하다. 하지만 남편이 은퇴를 하고 부인은 여전히 직장을 다니는 경우, 남편이 부인의 독립성을 침해하면서 이같은 상호 독립적 구도가 깨질 수도 있다.

남편의 은퇴에도 불구하고 독립성을 유지하거나 성취하려는 부인을 위해 한 전문가는 다음과 같이 조언한다. "남성들은 여성보다 은퇴로 인한 자존심 손상이 훨씬 강한 편이다. 따라서 성공적인 직장생활을 계속하려면 은퇴한 남성의 자아는 극히 유약하다는 사실을 인식하고 대처할 필요가 있다." 여성이 자신의 독립성을 유지하려면 공격성을 띠며 말하기보다는 남편에게 확신을 심어 주라는게 그의 지적이다. 확신에 찬 행위는 긍정적이며 보상을 받게 된다는 것이다.

직장 여성들이 제시한 은퇴한 남편과 잘 지내는 몇 가지 방안은 다음과 같다.

1 **남편이 은퇴하면** 과도기 동안 부인의 도움을 절실히 필요로 한다. 남편에게 재촉하거나 잔소리하지 마라. 아무런 도움이 되지 않는다. 자신을 스스로 발견할 시간을 줘라. 이것, 저것 그리고 그것을 해 보라는 식의 접근으로 남편의 심기를 건드리는 것은 현명한 방법이 아니다. 가계 재정 상황과 감성적 능력을 고려해 목표를 현실적으로 정하는 게 좋다. 남편에게 이성적으로 접근해 그의 공정한 감각에 호소하는 게 바람직하다.

2 **직장에서 귀가했을 때** 남편이 부루퉁하며 심술궂은 표정을 짓고 있다면 그대로 둬라. 조용히 집안일을 하며 잘못된 일이 없다는 듯 행동하라. 남편의 주위를 맴돈다고 해서 그의 기분이 좋아지는 것은 아니다. 그는 조용한 내조를 원한다. 남성은 동정을 바라지 않는다.

3 **그의 얘기를 진심으로,** 그리고 여유를 갖고 들어 줘라. 그의 의견과 제안에 긍정적인 반응을 많이 보여 주는 게 좋다. 그가 허드렛일을 했거나 지역 모임에서 탈퇴했다면 어루만져 줘라. 은퇴한 남편은 지금 상당히 유약한 상황에 처해 있다는 사실

을 잊지 마라.

4 **당신의 일상을 남편과 공유하라.** 그가 당신이 하는 일에 얼마나 관심을 갖는지 알면 놀랄 것이다. 직장 얘기를 하면서 남성 동료의 이름을 계속해서 언급하는 것은 좋지 않다. 어려운 문제를 해결하기 위해 남성 동료와 상당히 재미있게 일했다는 식의 얘기에 열중하면 안 된다. 은퇴를 했든 아니든 남성들은 부인의 입에서 다른 남자의 이름이 꾸준히 오르내리는 것을 위협으로 간주한다.

5 **은퇴 전 잘 지냈던 친구들과의 관계를 그대로 유지하라.** 직장을 다니는 친구들과의 관계도 접을 필요는 없다. 한 부인은 "남편이 수십 년간 친분을 유지해 온 친구들과 어울리지 않겠다고 한 기간이 있었죠. 친구들을 위해 더 이상 해 줄 일이 없다는 게 그 이유였어요. 나는 지난 30년간의 직장 경험과 마음 씀씀이는 아직도 친구들에게 큰 도움을 줄 수 있다고 위로했죠."라고 말했다.

6 **남편이 종일 집에 있다고 그의 생활이 바뀐다고 기대하지 마라.** 그가 은퇴 전 집안일을 싫어했다면 갑자기 앞치마를 두르고 부엌일을 하는 기적같은 변화는 오지 않는다. 그가 멋진 저녁을 차려 놓고 귀가하는 당신을 맞이할 것이란 기대는 버려라.

7 **직장에 있는 동안** 남편이 해 주길 원하는 집안일이 있다면 얘기하라. 하지만 주문지를 남겨 놓지는 마라. 남자들은 "여보, 이것 부탁해요."란 주문 리스트를 보고 웃을지 모르지만 그의 웃음은 공허하다.

8 **당신의 시간을 가져야 한다.** 남편의 반대가 있으면 또다시 침묵과 확고함의 전술을 통해 "지금은 나만의 시간입니다. 약속한 대로 나의 시간을 보낼 거예요."라고 말하라.

직장 여성들은 은퇴한 남편을 인내심을 갖고 대해야 한다. 건강한 결혼생활을 해 왔다면 은퇴 이후 생활도 곧 좋아질 것이다. 과거의 오랜 일상은 시간이 지나면 어느 순간 편해지는 새로운 일상으로 대체된다. 남편을 사랑한다는 사실을 기억하고, 당신이 그 어느 때보다 남편을 사랑한다는 사실을 그가 느끼도록 해야 한다.

영원한 커플은 없다.
주변과 어울려라

굿맨 여사가 전하는 미국의 한 중산층 가정의 얘기다. 이네즈와 리처드 부부는 제2차 세계 대전이 끝날 무렵 만났다. 이전에 결혼한 적이 있는 이 부부는 재혼 후 리처드가 근무하는 공군기지에 살림을 차렸다. 재혼 전 이네즈가 낳았던 딸은 그녀의 부모가 키웠다. 이 부부는 재혼 후 얻은 딸과 함께 십수 년간 전 세계 공군기지에서 생활했기 때문에 이네즈의 딸과 손녀와는 간헐적으로 만날 수밖에 없었다. 리처드가 퇴역한 뒤 그들은 아름다운 서부연안 도시로 이사를 가 언덕 위 아파트에서 살았다. 그들은 이후 가족과의 접촉 없이 35년간 서로를 사랑하며 살았다. 그들은 새로운 일자리를 가졌으며 일이 끝나게 무섭게 보금자리로 돌아왔다.

마침내 은퇴를 하고 함께 즐거운 시간을 다시 만들었다. 그들은 이네즈의 딸네 집에도 방문했지만 불과 6백 마일 떨어진 가까운 곳임에도 불구하고 그 횟수는 연평균 1회 정도에 그쳤다. 이 커플은 아파트에 거주하는 주민들과는 담소는 나누었지만 외부에서 즐거움을 찾거나 레크리에이션에 참여하거나 새로운 친구들은 사귀지 않았다. 그들은 완전히 서로에게 헌신했으며, 41년간의 결혼생활을 사랑 속에 서로 아기를 돌보듯 지냈다. 아파트 내 주민들은 완벽한 커플이라며 부러워했다.

천국처럼 들리지 않는가? 그렇다면 이 부부가 안고 있는 문제는 무엇일까? 부부 중 한 사람은 불가피하게 먼저 죽게 된다는 사실이다. 리처드가 죽자 이네즈는 아름다운 아파트에서 홀로 울고 있었다. 이 부부의 완벽한 은퇴 시나리오가 완벽한 지옥이 된 것이다. 결국 이네즈는 그녀의 딸과 손녀가 살고 있는 도시로 이사를 가 그들을 위해 살기 시작했다. 하지만 그녀의 결정은 딸을 좌절 속에 빠트렸다. 딸 가족을 죽은 남편의 대체물로 삼은 그녀의 판단이 저항에 부딪친 것이었다.

이 부부가 안고 있었던 문제점은 은퇴 시절 둘만을 위한 사회생활을 했다는 것이라고 한 카운슬러는 진단했다. 은퇴 이후 친구 또는 이웃과 우정을 쌓고 레크리에이션을 즐기는 기회를 놓쳤을 뿐 아니라 이를 다시 살리려는 노력도 하지 않은 결과였다.

당신과 사랑하는 배우자가 은퇴한 후 친구처럼 함께 지내는 것은 정말 멋진 일이다. 하지만 두 사람 외에도 삶이 있다는 사실을 간과해서는 안 된다. 주변과 단절된 상태에서 지내 온 이네즈 부부처럼 되지 않으려면 새롭고 보다 폭넓은 우정을 쌓아 가야 한다. 집 문을 나서 새로운 친분을 만드는 것은 부부간의 깊은 사랑을 훼손하는 게 아니라 오히려 서로의 매력을 키워 준다. 그렇다면 부부가 어떻게 세상과 함께 할 수 있는 것일까?

단체에 가입하라. 아직 단체 활동을 않고 있다면 지금 바로 시작하라.

교회나 절 또는 사원을 다녀라. 종교적 경험이 얼마나 광범위한지에 대해 알면 놀랄 것이다. 종교나 믿음으로부터 당신이 진정으로 무엇을 필요로 하는지 정확히 알 수 있는 다양한 경험을 할 수 있다. 자신에 맞는 종교를 찾으면 당신의 관심과 믿음을 공유할 수 있는 친구들도 얻게 될 것이다.

적어도 일주일에 한 번쯤은 외출해 새로운 장소를 찾아라. 그리고 새 친구들을 만나라.

부부간에만 소통하는 것은 바람직하지 않다. 당신은 남편이 활동하는 클럽의 여성 보조회원이 될 수도 있다. 부부가 여전히 같은 취미를 공유하면서도 새로운 사람들을 만나는 게 좋다.

은퇴한 커플이 새로운 방향을 찾는 것은 부인에게 달려 있다. 일반적으로 사교성으로 표현되는 대외 경쟁력은 여성들이 남성보다 한 수 위인 게 분명하다. 사회활동의 영역을 넓히는 방안을 찾으면 삶의 폭이 상당히 깊어진다는 사실에 놀랄 것이다.

자식들에게 귀찮은 부모가 되어서는 안된다

자식 때문에 우정을 포기했다고 말하는 부인을 안다. 사회생활에서 오는 부담은 자신과 자녀 그리고 손자, 손녀들이 공평하게 짊어져야 한다는 게 그녀의 주장이었다. 자식이 어른이 되었다고 사회적 부담을 모두 지우는 것은 온당치 않다는 것이다. 하지만 자녀와 함께하는 것을 자신의 사회활동으로 착각해 친구를 사귀는 대신 자녀들의 동아리를 찾거나, 자식들이 과도하게 당신의 시간을 요구해 사회활동을 침해당하는 오류를 겪게 될 수도 있다.

당신은 귀찮은 부모는 아닌가? 다음 테스트에 답해 보아라.

★ 하루 한 번 이상 자녀들 집에 전화를 하는가?
★ 일주일에 한 번 이상 방문하라고 요구하거나 읍소하는가?
★ 자녀들의 여가시간을 자신들과 함께하자고 요구하는가?
★ 그들의 시간을 빼앗기 위해 일이나 심부름 거리를 만들어 내는가?

이상 질문 중 하나 이상 그렇다고 답하면 부모로서 자신의 자질을 검토하는 게 좋다. 요구가 너무 많은 부모란 얘기다. 어떤 부인이 "나의 부모가 손자 돌보길 원하지 않았다면 우리가 어떻게 아이를 가질 수 있었겠는가?"라는 정말 우둔한 얘기를 하는 것을 들었다. 나는 그녀의 의견에 동의할 수 없다. '부모가 손주들을 만든 게 아니라 당신이 낳았다.'는 게 그 답이다. 자녀양육과 사회생활을 동시에 병행해야 하는 것은 운명이다.

당신은 자녀와 손자, 손녀를 사랑한다. 손주를 때때로 돌보는 것은 가족생활의 행복이다. 하지만 은퇴부부가 무상으로 손주를 돌보는 것을 당연하게 여기는 것은 생각해 볼 필요가 있다.

다음 퀴즈를 보자.

★ 자녀들이 2주에 한 번 이상 손주들을 돌봐 줄 것을 요구하는가.
★ "손주들을 돌보지 않으면 애들이 당신들을 알아보지 못할 것이고 사랑하지도 않을 것"이라는 말로 자녀들이 당신 부부에게 감정적 압박을 가하는가.
★ 당신들이 손주를 양육하는 것은 신의 명령이라고 자녀들이 여기는가.
★ 자녀들이 손주 양육 지원 또는 여타 도움을 요청하는 것을 거부할 때 죄책감을 느끼는가.

질문 중 하나라도 인정한다면 부모로서 과잉 이용당하는 것이다.

자녀를 가장 좋은 친구로 만들려는 시도는 주로 부인 쪽이다. 여성은 "엄마는 엄마고 엄마는 또 엄마고……"라는 굳건한 믿음을 가진 탓에 자녀와 자신의 존재를 분리하는 게 쉽지 않다. 자신이 손자, 손녀를 돌보지 않으면 미숙한 사람이 그들을 키울 것이기 때문에 자녀들이 손주를 돌봐 달라고 하면 무조건 승낙하는 게 의무라고 믿고 있다. 그녀가 양육을 거부하면 부적절한 할머니며, 부당한 부모란 짐을 질 것이란 두려움도 갖고 있다.

이제 자녀와 건전한 관계를 맺는 쪽으로 나아갈 때다.

16

은퇴를
제2의 허니문으로 만들어라

　결혼 초기를 되돌아보자. 신혼집에 놓인 물건들이 비록 오래되고 멋진 것은 아니지만, 새롭고 황홀함을 느꼈을 것이다. 낡고 곧 부스러질 것 같은 나무로 짠 가구를 구입해 집안에 들여놓았을 때를 기억하는가. 십만 원에 불과했지만 가구를 재손질하고 손잡이를 다는 즐거움은 백만 원 이상의 가치는 되었다. 당신은 분명 그 나무로 만든 가구와 다른 물건들을 값어치 있는 골동품이라고 큰 소리로 자랑했을 것이다. 당신 부부는 그 물건들을 보며 미소를 띠며 과거를 추억할 것이다.

　결혼 초기에는 작은 일에도 즐거움을 느꼈다. 하지만 수십 년이 흐른 지금은 웬만해서는 즐거움을 느끼지 못한다. 당신과 남편은 일상에 젖어 많은 것을 당연시한다. 특히 현대에는 작은 성취와 단순한 즐거움이 비이상적 목표와 도전, 그리고 물질적 성취로 대체된다.

은퇴생활을 신혼 초와 같이 즐겁게 만드는 것은 부부 하기에 달려 있다. 은퇴를 결혼생활의 새로운 단계로 생각하면 또 다른 허니문이 된다. 기본으로 돌아가 초기부터 황홀감을 되찾아야 한다. 머리가 희어지고 몸 곳곳에 관절염의 통증을 느껴도 상관없다. 지금은 당신들 앞에 놓인 멋진 여가시간을 활용해 삶의 즐거움을 되찾을 때다. 반드시 호화 유람선을 타고 지중해를 돌지 않아도 된다.

　"은퇴생활에 월요일 아침은 없다."고 한 은퇴자는 즐겁게 말했다. 지겨운 월요병으로부터 해방되었다는 얘기다. 하지만 당신이 아침에 일어날 필요가 없다면? 물론 직장인이 출근할 때의 꿈은 '하루 종일 잤으면' 이었지만 진정 원하는 것이 목적 없는 인생은 아니다. 남편이 은퇴한 지 일주일이 되면 부부 모두 조금 민감해지기 시작한다. 생활에 무엇인가 빠진 느낌이 드는 것이다.

　우리는 매일 똑같은 일이 일어나는 것을 원하지 않는다. 은퇴를 하면 일상의 쳇바퀴에서 벗어날 수 있는 것은 사실이지만 그것이 녹초가 되어 살아온 일상을 즐거운 일상으로 바꿔 주는 것은 아니다.

　안젤름 그륀(Anselm Grün)은 그의 저서 『황혼의 미학』에서 "점차 작으면서도 아름다움을 가꾸는 기술을 만들어 가는 지혜가 필요하다."고 조언한다. 은퇴했는데도 자꾸 젊음을 시샘하며 중심에 서려 하지 말라는 지적이다. 정치꾼 중 일부는 지혜라는 가면을 쓰고 나름 성공했을 수도 있을 것이다. 채워질 수 없는 많은 욕구 탓에 추잡한 줄 알면서도 자꾸 과거에 눈길을 두는 사람들도 흔히 볼 수 있다. 은퇴 이후는 무엇을 하든 이전보다 멋진 설계를 할 수 있는 방법은 거의 없다. 전직이 높은 사람일수록 끊임없이 정치권이나 로펌 그리고 기업과 학교 주변을 맴도는 것도 사회적 기여보다는 자신의 허한 마음을 메우려는 안타까운 몸부림의 표출이다.

은퇴를 종착역의 출발점으로 생각하지 말고, 인생 정점의 시작이라고 간주해야 한다. 그러면 제2의 허니문이 열린다. 요즘은 멋진 노후가 하나의 새로운 테마로 부상하면서 바리스타, 색소폰, 요리, 음악 교실 등 다양한 취미활동을 값싸게 하는 모임이 늘어났다. 혼자보다는 부부가 더불어 취미활동을 한다면 재미는 두 배가 된다. 자연과 더불어 하는 취미도 좋다.

삶에 작은 성취와 단순한 즐거움을 더하며 제2의 허니문을 열어가는 부부들의 예를 보자.

✉ 잇따른 자축 이벤트를 마련해 일상에 재미를 부여하는 커플이 있다. 거실의 가구를 바꾸거나 벽의 칠을 다시 하면 이를 자랑하기 위해 조촐한 저녁 식사를 마련하고 이웃을 초대한다. 물론 새롭게 단장된 거실에 대한 얘기는 수 분 만에 끝난다. 그 대신 각 집에서 만들어 온 음식으로 담소를 즐기며 흥미로운 저녁 시간을 보내는 것이다. 즉흥적인 '멋진 일의 종료' 파티가 되는 셈이다.

✉ 과거로의 여행은 미래를 제공해 줄 수 있다. 자신의 뿌리를 찾는 게 그것이다. 직장생활이 바쁘다는 핑계로 조상의 묘를 찾아 가지 못한 게 언제였던가. 고향을 방문해 면사무소 등지에서 과거 조상이 남긴 족적을 찾는 것은 자신의 정체성을 찾는 데 또 다른 즐거움을 줄 것이다. 단순히 김해김씨 몇 대손을 운운하는 것보다

자신의 뿌리를 보다 깊이 연구해 보는 것도 바람직하다.

느림의 미학을 찾아가는 커플도 있다. 한 부인은 남편의 은퇴와 함께 서울 인근 조용한 곳으로 이사를 한 뒤 적막감 속에 조용히 미쳐가는 자신을 발견했다. "어느 날 아침 눈을 뜨자 문득 할 일이 없다는 것을 깨달았어요. 그리고 내 인생의 전환점이 필요하다는 생각이 들었죠." 그녀는 도서관을 찾았다. "도서관에는 과거에 시간이 없어 읽지 못했던 책이 엄청나게 많았어요. 무엇부터 시작할지 모를 정도로 흥분되어 사서에게 도움을 청했죠. 사서는 나에게 고전부터 시작하라고 권했어요. 대학 시절 억지로 독서를 강요받은 이후 한 번도 읽지 않은 분야였죠. 독후감을 발표하는 스터디 그룹도 알게 되었어요. 물론 남편도 열성적으로 참여하고 있죠. 작은 즐거움? 우리 부부는 이미 우리의 것을 찾았어요." 그녀는 즐겁게 말했다.

우리 안에는 모든 나이가 다 있다. 세 살이기도 하고, 다섯 살이기도 하고, 서른일곱 살이기도 하고, 쉰 살이기도 하다. 그 세월을 다 거쳐 왔으니 비록 이순의 경지에 이르지는 못해도 그때가 어떤지 잘 알고 있다. "어린애가 되는 것이 적절할 때는 어린애인 게 즐겁고, 현명한 노인이 되는 게 적절할 때는 현명한 어른인 것이 기쁘고, 모든 나이가 다 내 안에 있는데 다른 무엇이 그렇게 부러울 수 있겠는가."

―미치 앨봄(Mitch Albom)의 『모리와 함께한 화요일』에서―

과거보다 오늘과 내일에 집중하라

빛바랜 사진을 보면서 허리 라인이 없는 깡마른 꼬마가 키 175cm의 멋진 체구의 회사 중역이 된 미스터리를 음미하는 것은 정말 재미있다. 그러나 과거에서 미래의 길을 찾아서는 안 된다. 은퇴는 보통 노동의 종료를 의미하지만 그럴 필요는 없다. 적극적이고 기대감 넘치는 개인이 되어야 한다.

어린 시절 크리스마스는 물론 당신의 생일과 친구의 생일을 얼마나 기다렸는지 기억해 봐라. 단지 은퇴했다는 이유로 그와 같은 미래의 즐거움을 단념할 필요는 없다. 미래의 행복함에 대한 기대를 멈춘다면 당신 인생의 일부는 항상 뒤처지게 된다. 과거의 기억을 날려 버리지 마라. 그 기억들은 가슴속 깊이 소중한 것이다. 하지만 항상 오늘이 있다는 것을 잊어서는 안 된다. 당신이 집중해야 할 것은 바로 오늘이며, 오늘의 자신이 가장 젊고 아름답다.

이 같은 느낌을 강화하려면 지금 이 순간에서 삶을 배워야 한다. 바로 이 순간 생존하는 삶을 인식하는 능력은 정말 중요하다. 은퇴 이후의 좌절감으로부터 벗어나 미래에 대한 기대감을 찾는 노력은 부부가 함께 해야 할 일이다. 결혼생활에 있어서 '오늘과 내일'을 잘 만들 수 있는 방법은 무엇인가?

★ 매일 부부가 함께 춤을 추는 것은 싫증 나지만, 앞으로 행할 즐거운 계획이 점으로 표시된 달력은 부부를 행복하게 해 준다.

★ 부부가 옛날 앨범이나 고교 시절 연감을 통해 향수에 빠져들면 즉각 새로운 이벤트로 만들어 미래를 열어라. 쇼핑몰을 함께 거닐며 커피를 마시는 일상이라도 과거보다 현재가 더 중요하다.

★ 우울한 날에 대비해 종잣돈을 마련해 둬라. 찬장의 캔디 항아리에 눈먼 돈을 모아 놓고 친구들과 가끔 멋진 저녁을 함께한다면 최악에서 벗어날 수 있다.

은퇴 이후 기분이 극히 저조한 상태로 떨어질 수 있음을 명심하고 이를 반전시킬 수 있는 노력을 해야 한다. '오늘과 내일을 위해 사는' 행위는 삶의 존재에 큰 의미를 줄 것이다. 문 한쪽이 닫히면 다른 쪽 문이 열림을 항상 명심하라. 새로운 모험을 향해 문턱을 넘는 것을 두려워 마라.

새로운 일상,
부부의 공동작업 거리를 만들어라

은퇴 이후 남편이 일찍 일어났다고 하자. 다음은 무엇을 할 것인가? 직장을 다닐 때와 마찬가지로 대부분의 부부는 아침을 먹고 신문을 볼 것이다. 은퇴 이후에도 변화는 없다. 무엇이 달라졌는가?

기상 시간일 수도 있다. 한 남성은 은퇴 이전 매일 6시에 일어났다. 그리고 정확히 6시 44분에 집을 나서 직장으로 향했다. 이 부부는 은퇴 후 도심으로 이사를 했지만 남편은 여전히 6시에 일어났다. 하지만 이제는 갈 곳이 없어졌다. 점차 부인의 포옹과 달램을 받으며 7시 30분까지 침대에 머문다. 부인도 늦은 기상 시간에 익숙해졌다. 자연히 취침시간이 늦어지면서 부인은 남편을 벗 삼아 밤 11시 뉴스까지 본다. TV 황금시간 때면 으레 의자에 누워 코를 고는 사람도 없어졌다. 그녀는 남편이 인식하지 못하는 가운데 그의 일상을 바꾸는 것을 도와준 것이다.

은퇴 이후의 일상은 부부가 원하는 방향에 따라 다소 느슨해질 수도, 더욱 조직적이 될 수도 있다. 은퇴는 일상생활의 변화를 의미하는 게 아니라 일상을 교환하는 것이다. 은퇴 후 일상의 가장 즐거운 사실은 언제든 원하는 대로 일상을 깰 수 있다는 점이다.

은퇴 후 친숙해질 수 있는 건전하고 성취감 있는 일상은 무엇일까? 다음은 은퇴 이후 즐겁게 생활하는 부인들의 얘기를 모은 것이다.

소파에 파묻혀 있거나 TV를 보는 대신 아침 산보를 하는 것도 좋다. 마을을 짧게 돌기 시작해, 점차 그 거리를 늘려 나가는 방식이다. 굳이 아침을 집에서 먹을 필요는 없다. 길을 따라 걷다 조그만 찻집이나 편의점, 패스트푸드점에서 커피, 도넛, 김밥 등을 즐기면 된다. 우리나라는 특히 곳곳에 24시간 영업점이 있어 원하는 아침을 손쉽게 해결할 수 있다.

운전을 좋아하면 드라이브도 멋진 일상이다. 일주일에 하루 정도 시골길을 따라 짧은 여행을 해 보자. "여행 도중 5일장, 창고 세일이나 중고품 시장을 들러 보죠. 그는 주로 스포츠 용품을, 나는 장식용을 살펴봅니다. 일주일에 한 번의 짧은 여행은 우리 삶에 무언가 기대감을 불어넣고 있습니다." 어느 부인의 즐거운 훈수다. 범사에 감사한다는 표현이 딱 들어맞는 일상이다.

커다란 팝콘박스를 들고 오전 8시의 할인영화를 함께 보거나 공원에서 열리는 무료 콘서트를 즐기고, 슈퍼마켓 개점행사를 가는 등 매주 새로운 한 가지의 이벤트를 마련하는 것도 재미있다.

부부 공동작업 거리를 만들면 더욱 좋다. 은퇴 후 평범한 일상이 주는 압박을 벗어나기 위해 향후 수년 또는 수십 년간 '함께' 하는 일을 찾아보는 것이다. 야채 가꾸기 또는 수풀산림에서 버섯을 따는 육체적 활동에서부터 가구 복원, 집안 재단장 등 창의적인 모험이 모두 포함된다.

한 커플은 매주 화요일과 목요일에 거동이 불편한 사람들에게 식사를 배달한다. 각자의 차로 교회를 가서 식사를 분배받은 다음 개별 배달을 하는 것이다. 그날 저녁 시간에는 부부가 자신의 식사 배달을 주제로 논의를 한다. 또 2주마다 방문하는 집을 서로 바꾼다. "화요일과 목요일은 우리 부부에게 특별한 의미가 있습니다. 아침에 일어나 밖을 나가는 진정한 이유가 생긴 것이죠." 그 부인은 말했다.

정원과 텃밭을 손보는 게 일상인 커플도 있다. 이 부부에게는 잔디와 정원을 돌보고, 채소밭을 가꾸는 일이 귀찮은 일상이 아니다. 야외에서 맑은 공기를 마시는 게 즐겁고 지금은 새로운 종자를 실험하고 있다. 작은 온실도 만들 예정이다.

지난 수십 년간 찍은 가족사진을 함께 정리하는 작업에서 큰 즐거움을 얻는 부부도 있다. 언젠가 가족의 역사를 쓰는 게 이 부부의 목표다.

물론 공동 작업을 하는 과정에서 상호 반목의 불꽃이 튈 수도 있다. 인근 지역을 짧게 드라이브하는 과정에서 부인이 내비게이션을 잽싸게 읽지 못해 말다툼이 벌어지는 경우도 허다하다. 하지만 대부분의 부부가 함께 일을 하는 과정에서 겪는 문제는 그리 심각하지 않다. 주종관계와 그 이유를 둘러싼 사소한 다툼으로 끝나기 때문이다.

언젠가 60대 후반인 남성에게 "중요한 일을 부부가 함께할 때 남성들은 왜 감독관 역할을 자처하느냐?"고 질문한 적이 있다. 그는 숙고를 거듭하더니 "누군가는 감독관 역할을 해야 하며 남성들이 리더십을 발휘하는 데 익숙해 있기 때문이라고 생각한다. 부부가 공동 작업을 결정하면 계획을 세운 뒤 차례대로 시행하게 된다. 여성들은 주로 작업을 정면으로 다루지 않고 주변을 맴도는 경향이 강하다. 그 프로젝트를 조직화하는데 남성들보다 두 배의 시간이 걸린다."고 주장했다.

여성 쪽의 얘기는 전혀 다르다. 결혼생활 33년 차인 한 부인은 "그의 전공 분야라면 그가 책임자가 되는 데 개의치 않을 것이다."라고 말했다. "하지만 공동 프로젝트가 나의 전문 분야라면 남편은 보조역할을 해야 한다."고 강조했다. 합리적인 지적이 아닌가? 하지만 보통 남성의 경우 프로젝트 수행에 보조역할을 하거나 부인과 공동으로 앞자리를 차지하는 것을 극히 싫어한다.

'함께' 프로젝트는 은퇴생활의 기본이기 때문에 주저할 필요가 없다. 하지만 당신의 유머를 잃을 정도로 너무 심각한 마음으로 프로젝트에 임하지는 마라. 당신이 재미를 느끼지 못하면 해야 할 가치가 없는지도 모른다.

은퇴 즉시 버킷 리스트를 가동하라

10여 년 전 상영되었던 〈버킷 리스트〉란 영화를 기억하는가. 죽음을 앞두고 병실에서 만난 자동차 정비사(모건 프리먼)와 재벌 사업가(잭 니컬슨)가 죽기 전 꼭 하고 싶은 이른바 '버킷 리스트'를 실행하기 위해 병원을 뛰쳐나가 여행길에 오르는 얘기다. 그들은 과거와 다른 꿈의 생활인 카레이싱, 스카이다이빙, 세계 곳곳 여행 등을 통해 '나는 누구인가'를 정리하며 삶의 의미와 가족, 우정 등을 다시 한 번 느끼게 되는 감동적인 영화다. 직장 다닐 땐 입버릇처럼 며칠만 조용한 곳에서 아무 생각없이 쉬고 싶다고 수없이 중얼거린다. 그리고 죽기 전, 아니 퇴직하면 무엇을 할 것인지 나름의 버킷 리스트를 만들어 본다. 일종의 대리만족 게임이다.

나 역시 갑자기 퇴임통보를 받자 나만의 버킷 리스트가 생각이 났다. 간간히 일기를 써 왔고 그중 버킷 리스트도 한 꼭지 있었기 때문이다. 아프리카 탄자니아에 있는 세렝게티 국립공원에서 수십 만 마리의 동물이 만들어 내는 자연의 바람 느끼기, 잃어버린 공중도시 페루 마추픽추에서 잉카의 전설 호흡하기, 중국어를 배워 차마고도 여행하기, 미국 그랜드캐니언 등 서부지역 돌아보기, 목공 및 구들방 기술 연마해 해비타드* 참여하기, 숲 해설가 과정을 수료해 친구들과 등산할 때 숲과 풀 얘기 들려주기, 스킨스쿠버, 윈드서핑 등 해양 스포츠 배우기 등등 30여 개가 나의 버킷 리스트에 적혀 있었다.

난 즉시 강남역 사거리에 내려 한 학원을 찾아 중국어 초급반에 등록했다. 수업시간을 평소 출근 시간에 맞췄다. 출근하듯 당당하게 아침을 맞겠다는 분노의 포장인 셈이다. 퇴임 이후에도 돈벌이 겸 이것저것 할 일은 꽤나 있었고 주중 골프도 즐기지만 가급적 출근 시간에 맞춰 학원을 가는 것은 아침 일상을 시작한다는 점에서 나름 큰 만족을 주고 있다. 내 중국어 실력이 갑자기 향상될 리는 없지만 잘한 선택이었다고 지금도 확신한다. 더욱이 어학을 배우는 것이 치매 예방에 가장 좋다고 하지 않은가.

은퇴는 분명 직업적 전성기에서 내려오는 것이다. 하지만 아침 햇살이 눈부실 때까지 침대와 소파를 전전하는 것은 안 된다. 비록 사무실용 오피스텔을 얻지 않더라도 나름의 일상을 만들어야 한다. 은퇴자를 위축시키는 것이 금전적 문제만은 아니다. 아침에 일어나 갑자기 할 일이 없어졌다는 것 자체가 스스로를 노인으로 만들어

---

* 전 세계 무주택 서민들의 주거 문제 해결을 목적으로 1976년 미국에서 창설된 민간 기독교 운동단체. 주택 설계에서 막일까지 모두 자원봉사를 통해 이루어진다.

버리는 것이다. 자신만의 버킷 리스트를 점검하고 실현 가능한 것부터 하나씩 실천해 나가는 것은 나름 흥미로운 일이다.

그 과정에서 새로운 취미를 발굴하면 더욱 좋다. 당신은 직장을 다니는 동안 너무 바빠 별다른 취미활동을 못했을지도 모른다. 하지만 은퇴 이후 여유 시간이 많아지면서 마음을 끄는 취미가 늘어날 수도 있다. 예전에는 은퇴한 사람들이 할 수 있는 일은 그리 많지 않았다. 대부분의 시간을 정원을 돌보거나 라디오를 듣는 등 집에서 보냈다. 주말에는 교회를 갔고 가족과 친구들과 친목시간을 갖는 정도였다.

요즘 은퇴자들의 은퇴연령은 과거와 비슷하지만 많은 정보를 접할 수 있어 사고나 취미는 과거 어른들보다 훨씬 다양하고 젊어졌다. 건강만 하락되면 레크리에이션을 통해 즐거움을 얻는 데 제한은 없다. 부부 모두가 은퇴를 했든 아니든 흥미를 공유하는 것은 결혼생활을 더욱 활기 있게 만들어 준다. 물론 부부가 어느 정도 각자의 시간을 원한다면 개인적 취미를 갖는 것도 바람직하다.

주변을 둘러보면 무료 또는 저렴하게 배울 수 있는 길이 널려 있다. 구청 단위 문화원에서 제공하는 프로그램은 그 내용도 다양하다. 일례로 서울 서초구에서 운영하는 문화원의 경우 어학, 인문학, 문화예술, 서예, 요리, 전통무용, 의상에서 웰빙 댄스까지 100가지 이상의 프로그램을 운용하고 있다. 양재종합사회복지관은 컴퓨터를 두려워하는 어르신들을 위해 인터넷 활용하기, 블로그 및 파워포인트 만들기 등 다양한 정보화 프로그램을 내놓았다. 다른 지자체도 저렴한 가격에 유사한 프로그램을 운용 중이다.

국민체력100 체력인증센터를 들어 본 적이 있는가. 국민체육진흥공단에서 운영하는 이곳은 자신의 체력을 무료로 측정해 바람직한 운동방식을 조언해 주는 곳으로 100세 시대의 산물인 셈이다. 현재 전국 24곳에 개설되었으며 윗몸 일으키기, 오래달리기 등 이른바 체력장 방식을 통해 건강관리 방식을 조언해 주는 곳이다. '100세 누리 시니어 사회활동 포털(www.100senuri.go.kr)'에 접속하면 각 지역 평생교육기관의 프로그램을 찾아볼 수 있다.

사회 취미활동 이외에도 재무계획, 세금환급 및 유언장 준비, 시력, 청력 및 질병 치료와 같은 의료자문 프로그램 등을 제공하는 시니어센터도 있다. 영양 및 균형 잡힌 식사강의는 특히 인기가 높다. "노인복지회관과 같은 시니어센터들은 가장 적은 비용으로 최대한의 즐거움을 제공하는 곳으로 소득수준이나 학력에 관계없이 누구에게나 개방되어 있다."는 게 이곳 관계자의 설명이다. 농림축산식품부 산하 귀농·귀촌 관련 단체도 정부 지원을 받아 싼값에 작물 재배 기술 등을 지원한다.

당신의 관심이 지역사회에 참여해 공헌을 하거나 시니어 조직에서 즐거움을 찾는 것이라면 지역 상공회의소를 서둘러 찾아가 조직 활동 프로그램을 검토하라. 당신의 참여를 기다리는 다양한 조직 활동에 놀랄 것이다. 모든 프로그램은 새로운 관심과 친구들을 연결해 준다. 평소 하고 싶은 버킷 리스트를 하나씩 찾아 나서며 그 과정에서 새로운 취미를 얻는다면 그것만으로도 아침에 일어날 이유는 충분해진다.

이와 관련해서, 남편이 취미생활을 개발하도록 부인은 어떤 도움을 줄 수 있는가. 부인 스스로 어떤 취미가 남편에게 적합할지 결정하지 마라. 강압적 권유보다는 평소 그의 말을 귀담아듣고, 독서 취향을 살피고, 무엇이 그의 흥미를 끄는지 주의 깊게 살피는 게 중요하다. 취미는 사람에 따라 다르지만 좋은 취미는 은퇴 후 우울증으로부터 벗어나게 해 줄 것이다.

은퇴 직후 호화여행은 금물

은퇴로 극히 침울한 남편도 부인의 열정적인 여행 제안에는 긍정적인 반응을 보인다. 그리고 여행계획을 세우느라 바쁜 시간을 보낸다. 하지만 은퇴 직후 호화여행을 계획해 1년 가계 예산을 모두 투입하는 것은 바람직하지 않다는 게 전문가들의 공통된 조언이다. 호화 여행이 끝나면 미래에 대한 기대감이 줄어드는 게 그 이유다. 때문에 1년 단위로 장기 여행계획을 잡는 게 좋다고 지적한다. 여행 후 집에 돌아오면 기쁜 마음으로 일상생활을 할 수 있고, 다음 여행을 계획하는 즐거움도 있다는 얘기다. 언제 어디로 여행할 것인지는 가계 사정에 따라 다르지만 자금 사정이 빡빡해도 용기를 내 시도해 볼 필요는 있다.

이를 위해 은퇴 이후 매달 확보되는 수입 중 여가비로 사용할 수 있는 돈이 얼마인지 계산하는 것은 중요하다. 레크리에이션에 필요한 자금을 할당하고 장기여행 자금을 위한 1년 적금을 드는 것도 바람직하다.

여행 일정 및 목적에 따라 값싼 방법은 다양하다. 당일 또는 1박 일정으로 인근 지역을 가는 경우는 인터넷을 활용하면 그동안 간과해 온 지역 내 재미있는 곳을 찾을 수 있다. 데일리호텔, 익스피디아 호텔검색 등 다양한 사이트를 활용하면 저렴한 가격에 숙박 시설을 구할 수 있다. 주말이나 성수기를 피하면 의외의 호사도 누릴 수 있다.

크루즈여행을 권하는 전문가들도 많다. 가격이 모든 것을 포함하고 있어 특히 첫 은퇴여행으로 권할 만하다. 가이드가 있는 단체여행 또한 좋다. 크루즈든 단체여행이든 밤에 어디에서 묵어야 하는지, 계단을 오르내리며 여행 가방을 끌어야 하는지, 식사 메뉴가 무엇인지 걱정할 필요가 없는 게 장점이다.

시니어 학구파들의 지적 욕구를 채워 주는 로드 스칼러(ROAD SCHOLAR, 길위의 철학자) 프로그램도 관심을 가질 필요가 있다. 교육과 여행을 접목시켜 주는 프로그램으로 세계 각지 박물관과 미술관을 연결하는 아트 러버스, 기차를 타고 역사적 유물을 찾는 트레인 저니 등 미국에서는 다양한 프로그램들이 인기를 끌고 있다. 우리나라는 아직 관련 프로그램이 초보 단계에 있지만 예술의 전당, 전국 국립박물관 등을 중심으로 로드 스칼러 프로그램이 싹을 틔우고 있다. 각 대학에서 운영하는 평생교육 프로그램에도 관심을 가져 보자.

눈높이 맞는 일자리는 없다.
배움으로 인생 이모작을 열어라

2015년 여름 '내 손으로 만드는 황토구들방' 교육을 받았다. 나의 버킷 리스트 중 하나인 내 손으로 집 짓기 실현을 위해서였다. 언젠가 바닷가에 조그만 집을 지어 한 켠은 펜션으로, 또 다른 켠은 나와 친지들을 위한 보금자리로 활용하는 게 나의 꿈이다. 집 짓는 실력이 향상되면 동남아, 아프리카 등지에 학교 짓기 봉사도 하고 싶다. 7박 8일간의 교육은 나에겐 그야말로 새로운 경험이었다. 입교 직후 눈앞에 진열된 수많은 공구는 나의 기를 꺾었다. 아침 9시부터 저녁 9시까지 이어지는 교육도 체력의 한계를 넘어서는 듯했지만 같이 입교한 동료들은 분명한 목적을 갖고 시간이 흐를수록 능숙한 목수로 변해 가고 있었다. 나는 분명 꼴찌였다.

은퇴를 하면 이처럼 새로운 환경에 적응하며 살아야 하는 현실에 맞닥뜨리게 된다. 컴맹인 당신을 위해 컴퓨터나 휴대폰을 조작해 주었던 부하 직원들의 얼굴이 수시로 떠오를 것이다. 은행이나 주민센터에 가서 부딪치고 운전을 하며 열을 받는 일이 비일비재하게 일어난다. 전직이 높을수록 더욱 현실 적응력이 떨어져 화병이 날 지경에 이를 것이다. '내가 누구인데'라며 '왕년'을 운운하면 결국 사회에서 외톨이가 될 수밖에 없다. 직장 밖은 은퇴자에겐 그야말로 너무 평등해 스스로 자신을 내려놓아야만 진입이 가능하다. 퇴직을 하면 행동이 위축되는 것은 당연한 결과다. 자녀를 결혼시켜야 하는 등의 이유로 노후자금이 부족한 경우는 미래에 대한 불안이 날로 커지면서 매사 조급증이 나타나게 된다.

하지만 은퇴는 사실상 새로운 직무교육을 받는 상태라는 점을 새길 필요가 있다. 이전과 같이 돈과 명예가 보장되는 일자리는 사실상 없다. 전성기에서 내려와 이른바 이모작 또는 이기작이란 이름으로 새로운 텃밭을 찾는 과정으로 생각해야 한다.

문제는 자신을 웬만큼 낮추지 않으면 나이란 벽에 부딪혀 구인시장에서 존재감을 찾는 게 쉽지 않다는 사실이다. 정부의 공직자 공개채용은 대부분 후임자가 낙점된 상태여서 들러리 응모를 하는 경우가 많아 자존심을 다치기 십상이다. IT 분야는 젊은이들의 놀이터가 되었다. 결국 젊은이들이 싫어하는 경비, 청소, 육체노동, 아르바이트 등 이른바 3D업종을 중심으로 고용시장이 열리는 게 현실이다. 그도 월수입이 150만 원 남짓이다. 생산현장 근로자나 대기업, 은행, 공기업 등지에서 고위직을 지낸 이들에겐 한숨밖에 나오지 않을 것이다. 그렇다고 무너지는 자영업자들을 보며 음식점이나 치킨집과 같은 프랜차이즈 사업에 준비 없이 뛰어드는 것은 그야말로 안 하느니 못한 결과를 낳게 된다. 실례로 우리나라 치킨집 수는 3만 6천여 개로 전 세계 맥도널드 매장보다 많으며, 상당수가 은퇴 후 창업인 것으로 조사됐다.

때문에 새로운 직업을 찾기에 앞서 자신의 성향과 특성(직무전문성), 흥미 그리고 타고난 재능을 다시 한 번 되돌아볼 필요가 있다. 한국의 직업 수는 1만2천 개가 넘는다고 한다. 자신이 알고 있는 직업 수의 백 배는 될 것이다.

전문가들은 우선 새로운 기술을 배울 수 있는 자리를 찾는 게 바람직하다고 권한다. 실제로 고용노동부, 농림축산식품부 등은 직업상담사, 컴퓨터, 목공기술 등 다양한 국비지원 교육 프로그램들을 운용하고 있다. 한국폴리텍 지역캠퍼스를 찾아가면 건축목공, 보일러시공, 인테리어 등을 배울 수 있다. 또 각 지역 고용센터에서는 최고 200만 원까지 훈련비를 지원해 주는 내일배움 카드 제도도 운용 중이다.

당신이 잘할 수 있는 분야를 확대 이용하는 것도 바람직한 방법이다. "은퇴 전 본인이 가장 즐겼던 업무를 갖고 경험을 쌓는다면 새로운 직업 세계에 보다 쉽게 진입할 수 있다. 당신의 전문성을 키울 수 있는 강의를 듣는다면 더욱 도움이 된다."고 은퇴준비 강사는 조언한다.

고용노동부가 운영하는 구직자 사이트인 워크넷을 활용하는 것도 하나의 방법이다. 금융 서비스, 문화, 체육, 공공기관, 외국계 기업 등 다양한 분야의 구직정보를 접할 수 있다. 물론 여기서도 나이의 벽을 넘기는 쉽지 않지만 의외의 결과를 얻을 수도 있다.

고용노동부가 선보인 장년취업 인턴제의 경우, 대한상공회의소, 고령사회고용진흥원, 중소기업중앙회 등과 연계해 운용되고 있어 자신이 흥미를 갖는 직종에서 인턴훈련을 받을 기회를 찾을 수 있다. 100세누리 시니어 사회활동을 클릭하면 전국 지방자치단체가 제공하는 창업교육과 구직정보를 얻을 수 있다.

　새로운 일자리를 얻어도 가능하다면 근무시간이 유연한 일자리를 얻어 배우자 및 가족들과 함께 할 여유를 갖는 게 바람직하다. 각자 처한 상황은 다르지만 재정적 압박이 심하지 않으면 지나치게 돈에 집착해서는 안 된다. 또 치열한 경쟁을 즐기는 성격이 아니면 모든 것을 책임져야 하는 일자리는 피하는 게 좋다. 파트타임 일자리가 그 해답일 수 있다. 그리고 새 일자리가 더 이상 즐거움을 주지 않으면 주저하지 말고 그만두고 나와야 한다.

　농촌에 이주해 사는 것도 부부가 뜻을 같이하면 좋은 방법이다. 경제적인 면은 물론 심신에 모두 좋은 게 사실이다. 하지만 농업을 통해 매달 백만 원을 버는 것은 사실상 하늘의 별 따기만큼 어려운 게 현실이다. 귀농을 통해 부농을 꿈꾸기보다는 자연과 더불어 사는 귀촌을 생각하는 게 좋다. 시골에서 살다 보면 저절로 농사일이 몸에 배게 될 때 귀농에 본격적으로 나서도 된다. 60세 전후에 귀농해 이미 그곳에서 30~40년간 살아온 농부들보다 더 좋은 결실을 얻겠다고 덤비는 것은 실패를 자초할 게 뻔하다. 무조건 유기농 또는 새로운 작물을 심기보다는 지역 주민들과 조화를 이루는 영농을 하는 것부터 시작하라는 게 전문가들의 조언이다.

자원봉사: 많은 남성들의 해법

다른 사람을 돕는 것은 인생에 있어 가장 보람 있는 행위다. 하지만 자원봉사는 부인들의 몫이라 생각하는 사람들이 의외로 많다. 직장생활 중 자원봉사를 한 것도 주로 직원들과 함께 무료 급식소를 찾아 단체로 보여 주기 식 '밥퍼' 활동을 하거나 쪽방에 사는 독거노인들에게 일과성 연탄을 배달한 경험 정도일 것이다. 일반적으로 여성보다 남성들이 낯가림이 심해 조직을 떠나 나 홀로 사회봉사에 뛰어드는 것은 쉽지 않은 일이다.

남성이 은퇴를 하면 두 가지 선택을 갖게 된다. 즐거움을 찾는 게 하나요, 그가 살아온 것을 사회에 되돌려 주려는 게 또 다른 하나다. 하지만 두 가지 모두를 선택하면 더욱 좋다.

주변을 둘러보면 자원봉사를 할 수 있는 곳은 너무 많다. 구청 등 지방자치단체별로 운영하는 사회복지관을 찾아가면 교육, 의료, 취미, 어학 등 다양한 분야에서 재능기부를 기다리고 있다. 저소득층과의 일대일 결연은 자원봉사를 뛰어넘는 좋은 이웃 만들기 프로젝트다. 지자체 역시 나눔의 실천을 원하지만 그 방법을 몰라 망설이는 사람들을 위해 '나눔 이웃' 프로그램을 운영하고 있다.

종교단체를 찾는 것도 좋은 방법이다. 천주교, 기독교, 불교 등 모든 종교는 베품에 방점을 두고 활동하기 때문에 자원봉사 조직을 반드시 갖고 있다. 지자체별로 운영되는 자원봉사센터는 다문

화가정, 결손가정 등 다양한 주제로 활동 중이다. 지역별 노인복지센터 역시 자원봉사를 통해 운영된다. 코이카(한국국제협력단) 월드 프렌즈자문단, 한국해비타드 사랑의 집짓기운동 등 국제적 봉사단체도 참여를 시도해 보라.

주는 것 못지않게 많은 것을 배울 수 있는 게 바로 자원봉사다. 직장에서 무슨 일을 했든 자원봉사 세계는 당신의 전문성과 재주를 가치 있게 받아들인다.

외도
몸치장에 신경 쓰면 적신호

"남편이 치아 교정기를 착용할 때 뭔가 일어날 것이라는 것을 알아차렸어야 했어요." 남편보다 한 살 아래인 어느 부인의 뒤늦은 한탄이었다. "정말 상상도 못했어요. 남편이 직장을 그만둔 뒤 어느 날 아침 '때 이른 은퇴를 뒤늦은 이혼으로 자축하겠다.' 고 말하더군요. 농담과 같은 그의 말에 정말 당황했죠." 이 부부의 결혼생활은 상당한 진통을 겪어 왔다. 남편은 전형적인 가부장적 성격이었고, 이에 맞서 부인은 남녀평등을 강하게 주장했다. 자연히 두 사람은 집이 떠나가도록 고함을 지르며 싸우기도 했지만 결혼생활을 유지하며 세 딸을 키웠다. 그녀는 미우나 고우나 남편과 여생을 같이할 것으로 생각했지만 남편의 갑작스러운 이혼 통보에 직면했던 것이다.

이 집은 그래도 나은 편이다. 어떤 은퇴자는 어느 날 집 뒤뜰을 나오더니 "떠난다."고 말했다. 부인이 "음식을 싸 갈 것이냐?"고 묻자 그는 "영원히 떠나는 것."이라고 답했다고 한다. 남편은 32년간의 결혼생활을 뒤로하고 아무런 미련 없이 집을 나선 것이다.

당신은 이런 상황을 남의 얘기처럼 흘려들을 수도 있지만 은퇴 연령기의 남성이 다른 여성에게서 즐거움을 찾는 게 처음 듣는 얘기는 아닐 것이다. 은퇴기를 맞은 남성이 늙음의 탈출구를 부인이 아닌 다른 여성을 통해 찾는 경우는 간혹 있다. 새로운 여성은 삶의 의미를 더해 주고 젊을수록 더욱 그렇다고 믿기 때문이다.

늦바람 탓에 이혼을 당한 한 남성은 다음과 같은 속내를 털어놓았다. "나이가 들수록 젊은 여성의 구애를 거부하지 못합니다. 잘못된 일이며 그 관계가 오래 지속되지 못한다는 사실을 잘 알고 있는데도 말입니다. 젊은 여성의 구애에 저항할 힘이 없어진 것이지요."

하지만 남편이 이혼을 선언하기 훨씬 이전 그 가능성을 암시하는 귀띔은 분명히 있었다. 갑자기 이혼 통보를 받은 경험이 있는 부인들의 얘기다.

현실에 안주하지 마라. 남편은 자신도 모르게 홀로 살거나 나이 든 사람의 재산에 관심이 많은 젊은 여성에게 상당한 매력을 느끼고 있다.

일상의 변화를 주의 깊게 살펴봐라. 변화를 주기 시작하면 그는 권태로움과 함께 속도의 변화를 원할지 모른다. 속도의 변화가 새로운 여성에 대한 관심일 수도 있다.

✉️ "홀로 사는 친구가 당신의 남편에게 전화를 걸어 집안일을 도와 달라고 하면 당신도 함께 가는 게 좋다." 이웃 친구에게 남편을 **빼앗긴** 한 중년의 서글픈 조언이다.

✉️ 남편이 통화를 하다 당신을 보는 순간 톤을 낮춰 일반적인 얘기를 하면 당신 생일을 위한 깜짝 준비일 수도 있다. 하지만 다른 여성과 또 다른 깜짝 놀랄 일을 꾸미고 있는지도 모른다.

✉️ 남편이 다른 여성에게 관심을 가지면 몸치장에 신경을 쓴다. 어느 날 소중하게 기르던 턱수염을 면도하거나 애프터셰이브 로션을 넉넉히 바르고, 뒤늦게 치아를 교정하면 적신호로 받아들여야 한다.

✉️ 남성이든 여성이든 사랑스러운 새로운 이름을 본인도 모르게 자주 말하는 버릇이 있다. 그 이름은 혀 위의 사탕처럼 사랑스럽다는 게 어느 시인의 표현이다.

남편의 이혼 요구란 엄청난 충격을 받아도 냉정함을 되찾도록 노력해야 한다. 울거나 호소하는 식으로 대응하지 마라. 이런 행위는 남편을 권력자의 위치에 서게 한다. 냉정하게 앉아 그가 하는 말을 들을 필요가 있다. 남편의 긴장을 풀게 한 다음 그의 눈을 보고 수수께끼 같이 머리를 흔들며 방을 나가라. 남편은 안절부절 못하며 아마도 수 주간은 이혼의 용기를 얻기 위해 노력할 것이다. 남편의 사생활을 구체적으로 캐지 마라. 당신이 원하는 것 이상을 알게 될 수도 있다. 만약 그가 돌아온다면 나머지 인생 내내 가식적인 모습을 보여 줄지도 모른다.

그가 폭탄선언을 하면 일단 집을 나서는 것도 한 방법이다. 그 기간은 길수록 좋다. 정신이상인 사람을 상대한다는 듯 고개를 흔든 후 짐을 일부 챙겨 당신에게 우호적인 자식이나 친구의 집에 가는 게 좋다. 그리고 매 순간 당신의 감정을 기록하라. 남편은 무시당한 기분과 함께 눈앞에서 단호한 결단을 못 내린 것을 후회하며 미칠 것 같은 기분을 느낄 것이다.

어떤 상황이든 남편이 내미는 서류에 사인하지 마라. 이혼소송 결과는 당신 여생의 수입원을 좌우한다.

전문 카운슬러의 도움을 받는 것도 바람직한 방법이다. 남편이 함께 가길 원하지 않을 경우 혼자 가라. 남편이 도난당한 지갑은 아니다. 부주의와 무관심 탓에 잃어버릴 수 있다.

오후의 섹스, 하지 못 할 이유는 없다

은퇴 후의 섹스는? 당신의 남편은 이전보다 섹스를 더 원하거나, 반대로 친근한 신체 접촉조차 피할 수도 있다.

은퇴를 과도한 섹스의 계기로 간주하는 남성의 경우를 보자. 당신의 남편이 이 범주에 속한다면 그냥 행운이라고 생각하라. 나이든 남성에게 섹스란 쾌락 못지않게 자신의 존재를 입증하는 수단이기 때문이다. 남편이 섹스에 에너지를 많이 발산한다면 '나는 살아 있고, 여전히 여성을 즐겁게 해 줄 수 있다'고 외치고 있는 것이다.

성욕이 줄어들면 삶에 대한 의지는 그만큼 줄어든다. 나이가 들면 젊은 시절의 육체적 정열이 따스한 사랑의 감정으로 전환된다. 하지만 이것이 즐거운 게임의 끝을 의미하는 것은 아니다.

사랑스러운 부인은 섹스 생활에 어떻게 시동을 거는 것일까.

★ 자발적으로 하라. 그는 변화를 즐길 것이다. 대낮이라고 마다할 필요는 없다. 은퇴 후 인생의 즐거움은 당신이 언제, 무엇을 원하든 그렇게 할 수 있는 것이다.

★ 나이 든 남성은 아침에 더욱 강한 성욕을 보인다. 남성호르몬의 생성과 관련이 있다. 최근 들어 남편이 섹스에 냉정한 반응을 보여도 침대에서 나오지 말고 그를 꼭 껴안아 줘라.

남편이 섹스에 등을 돌리는 경우는 성행위를 잘 못할 것이란 두려움의 발로일 수도, 섹스에 대한 욕구가 없을 수도 있다. 당신의 기분을 얘기한 뒤 그래도 남편이 흥미를 못 느끼면 "좋아요. 그만 얘기합시다."라고 말하면 된다. 해는 항상 다시 떠오르기 마련이다.

사랑과 이해로
삶의 거친 부분들을 펴줘라

지극히 정상적인 은퇴 커플의 싸움 예다. 어느 날 밤 TV를 보다가 부인이 "발이 다시 아픈 것 같아요."라고 말했다. 남편은 프로야구에 눈을 고정시킨 채 "살이 찌고 발목이 굵어져서 그럴 걸." 이라고 시큰둥하게 답했다. 그녀가 소리를 치기 전 일시 차가운 침묵이 흘렀다. 그리고 "내 다리가 굵다고? 발목에 염증이 도진 것을 말했는데. 당신 앞에서 옷을 벗는 일은 앞으로 절대 없을 거야!" 라고 소리쳤다. 고함과 흐느낌이 이어졌고, 정상을 되찾는 데는 오랜 시간이 걸렸다.

당신 커플은 은퇴생활을 잘 해 왔는데 이런! 무엇인가 두 사람의 심기를 건드려 서로 으르렁대기 시작한다. 서로의 자존심이나 존엄성을 건드리지 않고 이 난관을 어떻게 헤쳐 나갈 수 있는가?

우선 문제의 실체를 파악해야 한다. 부부 싸움은 보통 사소하지만 근본적인 문제에서 출발하기 때문에 일단 문제의 발단을 규명하면 관계 개선을 시도할 수 있다. 당신은 배우자의 얘기를 경청하고 있는가? 만약 배우자가 하는 말과 느낌에 귀를 기울였다면 잔소리하는 부모가 아니라 사랑스러운 애인같이 반응했을 것이다. 상대방의 얘기를 경청하는 것은 중요하다. 동시에 상대방이 무엇을 말했다고 생각하는지 되묻는 이른바 '거울(mirroring)' 기법을 시도할 필요가 있다. 잘못 이해하고 반응했을 경우가 열 번 중 여섯 번은 된다.

거친 싸움으로 발전하는 것을 막는 것 또한 중요하다. 서로에게 주는 신호가 명확하지 않을 경우 "좀 더 진정되었을 때 다시 얘기하자."고 조용히 말하는 게 좋다. 언쟁은 사소한 일에서 출발하지만 점차 개인적인 문제로 비화되면서 '당신은 항상' 이란 저주스러운 단어가 삽입되고, 싸움은 치명적인 형국으로 발전된다.

언쟁의 시작을 막을 수 없다면 품위를 갖고 그 문제를 직접 거론할 필요가 있다. 과거의 잘못을 들춰내는 치졸한 싸움은 금물이다. 남편이 지속적으로 자신의 주장을 해서 추궁을 당한다고 느끼면 "정당하게 논쟁합시다. 하나의 이슈와 관련된 문제이고, 당신이 수위를 넘어서면 듣지 않겠어요."라고 당당하게 반응하라.

일이 잘 풀리는 쪽으로 흘러가면 남편은 불필요한 물건을 사겠다는 식으로 다소 정신 나간 해법을 제시할 수도 있지만 "당신 농담하는 거지. 내가 알기론 형편없는 물건인 것 같은 데."라는 식으로 즉각 반박하는 것은 좋지 않다. 조용히 들은 후 "재미있기는 하지만 신중히 생각해야 할 것 같아요. 수일 후 다시 논의하는 게 어때요."라고 답하라. 남편은 며칠 후 그 제안을 잊을 수도 있다. 그렇지 않다면 조심스럽게 반론을 제시하라.

반드시 분쟁의 원인을 치유하라. 그에게 다가가 "무엇이 당신을 괴롭히는지 모르겠지만 당신의 화를 돋울 생각은 없어요. 당신이 그 문제를 얘기하지 않겠다면 다시는 화제로 꺼내지 않겠어요. 나는 이런 게임을 원치 않아요. 시간을 절약하기 위해 뭐가 문제인지 말해 줘요, 여보!"라고 말하라. 그가 말하지 않으면 조용히 자신의 일을 하라. 더 이상 당신의 문제가 아니다. 이런 문제를 야기하는 남편은 행복한 은퇴를 붕괴시킬 수 있다. 센스 있는 협상은 단절을 치유한다.

말하기 전 생각하라. 10대와 같이 버벅거리면 남편의 마음을 다치게 한다.

서로에게 상냥하게 대하라. 좋지 않다는 생각이 들어도 표현하지 마라. 비판을 받을 만한 일을 해도 그것을 쉽게 수용하지 못한다.

고함을 치면 침묵하라. 고함치는 것을 듣거나 골똘히 쳐다보면 상대방이 불안해한다. 한 부인은 "나의 침묵이 오히려 그를 불안하게 만들죠. 내가 정신적인 보복 리스트를 만들 것이라고 느끼는 것 같아요."라고 말했다.

 남편이 문을 쾅 닫고 나가도 애원하며 그를 뒤쫓아 가지 마라. 그에게 괜한 만족감을 준다. 나가도록 그냥 둬라.

대부분의 부부간 다툼은 굉장한 소동으로까지 비화되지는 않는다. 때문에 남편이 대화를 원하도록 통로를 열어 둬라. 그리고 다툼이 끝나면 키스로 당신의 협상을 봉합하라.

나는 늙어가고 있는가

★ 나이 어린 사람의 발언을 무시하거나 트집을 잡는다.

★ 거울 속 자기 모습에서 부모 얼굴을 떠올린다.

★ 버스나 지하철을 타면 앉을 자리부터 찾는다.

★ 간섭이 늘고 성미가 까다로워진다.

★ 미리 체념하는 일이 늘어난다.

★ 관광보다 온천이 더 좋아진다.

★ 초조, 불안한 경우가 잦아진다.

―타쿠마 타케도시, 『행복한 노후를 위한 좋은 습관』에서―

22

억압적 부부관계,
그 탈출방법은

오후 5시가 넘으면 업무태도가 바뀌는 부인이 있었다. 은퇴한 남편의 전화 때문이었다. 저녁 시간이 되면 남편의 전화 목소리는 점차 명령조요, 폭력적으로 변했다. 이는 그녀의 대답으로 짐작할 수 있었다. "냉장고를 열면 찌개 거리와 반찬이 있어요. 데워 드시면 돼요. 오늘은 10시쯤 도착해요. 물론 명심하고 있죠."

나는 이 사랑스러운 부인이 긴장하고 자기방어적 태도로 남편의 요구에 응하는 것을 듣는 게 짜증스러웠다. 그녀가 왜 남편에게 충성스러운 사냥개와 같이 행동하는지 용기를 내서 물었다. 그녀는 입가에 웃음을 띠며 사랑스러운 목소리로 답했다. "그는 나를 너무 사랑해요. 나 없이 지낼 수 없는 것 같아요. 은퇴해서는 더욱 그래요."

그녀의 남편은 부인이 수동적인 성향이어서 억압적 전술이 은퇴 이후 자신에게 큰 힘이 된다는 것을 잘 알고 있었다. 이 부인은 수십 년 동안 이런 생활에 길들여져 왔지만 새롭게 은퇴한 남편의 부인들이 이런 질식할 것 같은 사랑으로 위장된 통제를 받는 것은 문제다.

사랑이란 이름으로 부인을 통제하려는 시도는 보통 나약함과 엄포 두 가지의 상반된 형태로 나타난다.

1 나약함

"당신이 없으면 무엇을 해야 할지 모르겠어." "너무 오래 떨어져 있어. 당신을 너무 사랑해." 부인들이 하소연하는 너무 흔히 듣는 얘기들이다.

2 엄포 또는 비난

부인을 방어적으로 몰아가는 수법이다. 부인이 없어 잘 못 지내는 것도 그녀 탓이란 것이다. 어떤 경우든 부인들은 죄책감을 느끼게 된다.

당신은 자신을 위해 남편에게 저항할 시간이 되었다. 남편을 사랑하고 결혼생활을 지속하고 싶지만 더 이상 그의 하녀 또는 매 맞는 부인이 될 수 없다는 것을 남편에게 분명히 말해야 한다. 당신 부부는 즉시 자리를 함께하고 관계 개선을 위해 각자 노력해야 할 점을 상의해야 한다.

당신이 이런 얘기를 하면 다음과 같은 남편의 반응에 직면할 수 있다.

✉ 폭발하기 전 당신을 쳐다본 뒤 그가 원하는 곳으로 사라진다. 그리곤 언제든 그가 원하는 시간에 집으로 돌아온다.

✉ 차가운 경멸의 눈빛으로 당신을 쳐다본 후 자신만의 은신처로 들어가 리모컨을 든다. 그는 부루퉁한 상태로 그곳에 지내다 식사 때만 나타난다.

✉ 당신을 쳐다보며 "무슨 뜻이지. 당신이 무엇을 말하는지 모르겠어."라고 답한다.

각 대처 방안은 다음과 같다.

첫째, 남편이 집을 나가면 돌아올 때까지 기다린 후 꼭 같은 말을 되풀이할 필요가 있다. 얘기가 시작되면 당신이 원하는 것을 가능한 정확하면서도 사랑스럽게 표현하고, 요구사항과 해결 방안을 반복해서 말해야 한다. 그 후론 원하는 대로 살아도 된다. 자신을 돌보고 자신에게 잘해 줘라. 자신의 삶을 누릴 권리가 있다는 것을 항상 명심하라.

둘째, 남편이 은신처로 들어가 저녁 때만 나타나는 경우 당신이 침착하게 저녁을 먹는 모습을 보고 그는 놀랄 것이다. 식사 중에는 그 화제를 꺼내지 마라. 하지만 가능한 빨리 두 사람 간의 분위기를 바꾸는 문제를 논의해야 한다. 답을 얻을 때까지 계속하라. 당신의 입장을 명확하게 제시하고, 합리적 결론에 도달하도록 노력하라.

세 번째 경우는 당신이 운이 좋다고 생각해도 된다. 얘기를 시작하는 게 첫 단계이기 때문이다. 희망하는 변화의 목록을 조용히, 그러나 단호하게 제시하고 자신의 게임을 하라.

상황이 나빠져 남편의 압박을 견디기 어려워도 자신의 주장을 분명히 하는 것을 두려워 마라. 그가 침묵할 때까지 기다린 후 그의 눈을 보며 다음과 같이 말하라. "당신의 억압적인 행동 탓에 나는 상당히 불행해요. 당신이 은퇴했다고 내 삶이 당신을 중심으로 움직일 수는 없어요. 집에 오는 게 점차 싫어져요. 스트레스 없이 행복하게 지내고 싶어요. 어떻게 개선해 나갈 수 없을까요?"

이 같은 단순한 선언과 질문이 때론 공격적인 남편을 진정시킬 수도 있으나 효과를 보지 못할 경우 카운슬링을 받거나 결혼생활을 포기할 수도 있다.

결혼이 철부지 남편을 이해심 많은 남자로 바꿔 놓을 수는 없다. 나쁜 버릇은 어릴 때 얻는다. 맹목적인 사랑을 주는 부모 밑에서 자란 경우 그 성향은 더욱 강해져 수십 년간 지속된다. 당신은 엄한 사랑(tough love)이란 성숙한 행위를 실천해야 한다. 엄한 사랑은 다소 냉정하지만 합리적 행동의 요구로, 연애 시절 보여 준 서로의 사랑을 결혼생활에도 적용하려는 시도에서 출발한다.

당신이 철부지 남편의 부인이라도 자신감을 가져라. 변화를 강하게 그리고 주의 깊게 추진한다면 남편의 은퇴는 결혼의 새로운 시작이 될 수 있다.

부인도 사회활동에 참여,
독립성을 확보하라

남편은 집에 있다. 부인도 집에 있다. 결혼생활에서 처음으로 부부가 온종일 함께 시간을 보내면서 상당히 괴로운 사실 하나를 발견한다. 은퇴 이전에는 무시되어 온 결점이 강하게 부각된다는 점이다.

부인이 맨 처음 해야 할 일은 당신을 성가시게 하는 게 무엇인지 정확히 찾아내는 것이다. 일대일 대화 과정에서 나타나는 피상적인 초조함이라면 약간의 유머만 있어도 완화될 수 있다. 당신은 물론 남편도 마찬가지다. 남편과 감정을 공유하는 데 익숙하지 않아 일시적인 함정에 빠지는 것은 극복이 가능하다.

하지만 21, 22장의 예와 같이 욕설을 서슴지 않는 경우, 욱하는 성격, 게으름, 지나친 아집, 경제력 독점 등은 극복하기 쉽지 않은 장애다.

"나는 여전히 직장을 다니는데 그는 은퇴 후에도 집안일엔 관심이 없죠. 침대에 누우면 너무 피곤해 숨 쉬는 것조차 힘든데 그는 마음 내키는 대로 좋은 시간을 갖길 원해요." 한 부인의 하소연이었다.

경제권을 독점하는 것도 참기 어려운 대목이다. "그는 비밀스러운 사람이죠. 은행계좌를 군사 최고위 기밀처럼 혼자만 꼭 쥐고 있어요. 나는 우리가 얼마나 많은 돈을 갖고 있는지, 그가 어디에 저축했는지 모릅니다. 결혼한 부부는 모든 것을 공유해야 하지 않나요?"

상냥했던 당신의 남편이 은퇴 후 갑자기 지옥에서 온 사람으로 돌변했다. 무슨 일이 일어난 것인가? 은퇴 후 삶의 주도권을 되찾기 위해 남성들은 가장 사랑하는 사람들에게 잔혹한 행위를 시작할 수 있으며 이는 언어 폭력, 비합리적 질투, 나아가 신체적 폭력으로 표현된다. 신체적 폭력을 제외하면 남편의 어떤 행위가 이혼 사유가 되는지 적절한 해답은 없다. 물론 구타하는 남편과 함께 지내야 할 이유는 절대 없다.

하지만 그가 안고 있는 문제가 정서적인 것이고 해결방안이 있다면 '내가 이 사람과 함께하는 게 더 나은 것인가, 그렇지 않은가.' 고민해야 한다. 남편과 사는 것이 훨씬 좋다고 느끼면 그가 공격적으로 변해도 일단 수용하면서 상황을 개선하도록 노력해야 한다. 남편을 사랑하면 점차 남편을 닮아 간다고 말하는 부인들도 많다. 대부분의 부인들은 좋았던 시간, 이타적인 달콤한 제스처 그리고 친절함을 기억하며 남편을 계속 사랑한다.

하지만 사랑이란 단어조차 꺼내지 않는 부인들도 의외로 많다. 그들은 결혼했던 남자와 단순히 공존해 왔을 뿐 은퇴 이후에는 거의 상대하기 어려운 부정적 특성들을 새롭게 발견한다. "우리 부부가 지금 만났다면 그를 남편감으로 생각하지 않았을 것"이라고 말하는 부인도 있다. 만약 부정적인 면이 지나치게 많다면 결혼생활을 지속할지 여부는 부인에게 달려 있다.

종교적, 재정적 또는 개인적 이유로 결혼생활을 계속하기로 한다면 외출을 하거나 흥미를 끄는 사회활동에 참여하는 방식으로 자신의 화를 줄여 나가는 게 바람직하다. 집안 외의 일에 참여하는 부인은 결혼생활에서 오는 초조, 불안감을 쉽게 줄여 나간다. 파트타임이라도 일자리를 다시 구하는 것은 이런 문제를 푸는 멋진 해결책이다. 새로운 사람들과 만나 얘기하는 기회를 가질 수 있으며, 자신의 은행계좌도 확보할 수 있다. 자신을 건전하게 유지해 주는 독립성을 확보해야 한다. 만약 남편과 더 이상 살 수 없다고 결정하면 과감히 떠나라.

결혼생활을 유지할 것인지 아닌지는 부인의 성향에 달려 있다. 이런 얘기를 쓰는 게 즐거운 일은 아니지만 은퇴 이후 파경을 맞을 수도 있으며, 현실은 현실이다. 특히 남편으로부터 정신적·육체적 폭력을 수십 년간 받아 온 부인의 경우 황혼이혼이라는 극단적인 카드를 꺼낼 수 있다. 남편을 떠나기로 결심하면 좋은 변호사를 구하고 뒤도 돌아보지 마라. 배우자가 자신의 여생을 망치려 들면 그와 함께할 이유가 없다. 그와 함께 당신의 삶까지 망가질 이유는 없다.

황혼이혼

한국보건사회연구원이 2015년 부부의 날을 맞아 「가족의 갈등과 대응방안연구」란 보고서를 발표했다. 이 보고서에 따르면 부부 간 갈등 경험이 20대는 20.0%, 30~50대는 35% 초반인 데 반해 60대 후반은 35%를 넘어섰다. 은퇴 직후인 60대 초반의 24.6%에 비하면 엄청나게 악화된 결과다. 황혼이혼이란 말이 이래서 나오는 걸까? 은퇴 이후 부부관계에 뭔가 문제가 있다는 얘기다. 그리고 주로 트러블 메이커는 남자 쪽이었다.

일본에선 한때 나리타 이혼이란 말이 성행했다. 당초 신혼부부들이 신혼여행에서 돌아오는 나리타 공항에서 즉시 이혼하는, 젊은이들의 쉽게 이혼하는 세태를 빙자한 말이었으나 이제는 노부부가 막내아들을 신혼여행 보낸 후 나리타 공항에서 갈라서는 의미로 변질되었다.

20여 년 전 일본에서 불기 시작한 황혼이혼 바람이 이제 우리 땅에서도 점차 거세지는 양상이다. 실제 황혼이혼 비율은 지난 2012년 26.4%, 2013년 28.1% 그리고 2014년 28.7%로 해마다 늘어나는 추세다.

주된 이유는 은퇴 후 부부가 함께하는 시간이 늘어나면서 남편의 감시와 잔소리가 심해지자 주로 부인 쪽에서 "이제는 못 참아!"라며 그동안의 압박에서 벗어나 자유를 선언한 탓이다. 은퇴 전에는 그나

마 집에서는 서로의 시간과 공간을 갖고 살아왔다. 독선적 남편의 고집에도 그가 출근을 하고 나면 부엌과 소파에서 나름 자신의 공간을 가졌지만 이제는 TV 채널권을 넘겨주고 통화조차 감시당하는 처지가 되었다. "이런 상황에서 과거의 폭정에 대한 분노가 되살아나 황혼이혼을 신청하게 되었다."는 게 한 부인의 설명이다. 그녀는 후회하지 않는다고 말했다. 자녀들도 인정했다는 것이다.

은퇴를 하면 기분이 좋을 리 없다. 다른 일자리를 찾아도 만족도는 떨어진다. 현실에 적응하기까지는 상당 기간, 아니 영원히 적응 못할지도 모른다. 이럴수록 나쁜 기억은 오히려 사사건건 현실에 개입한다.

한국보건사회연구원도 부부간의 갈등은 경제적 문제보다 성격과 생활방식의 차이에서 비롯된다고 분석했다. 남성들이 과거의 권위를 유지하려 들거나 부인 쪽에서 과거 억압에 대한 나쁜 기억을 되살려 남편을 공격하기 시작하면 그 갈등은 치유할 수 없는 상황으로 치닫게 된다는 것이다. 이른바 스키마 이론(schema theory)이 적용되는 것이다. 과거의 경험이 현재 기억에 영향을 미친다는 이론으로, 남편의 억압적 행위에 대한 나쁜 기억이 다시 살아나면서 부부간에 믿음이 깨지고 사사건건 잔소리로 상대방을 괴롭히는 악순환을 말한다. 최근 남편 쪽에서 황혼이혼을 신청하는 건수가 늘어나는 것도 부인들의 반격이 그만큼 강해졌다는 현실의 방증이다.

과거의 나쁜 기억을 가급적 버리고 서로 양보해 오늘과 내일을 만들어 나가면 황혼이혼을 피할 수 있다는 것을 시사해 주는 대목이다.

우울증, 알코올 중독……,
남편과의 슬기로운 동거

　나이가 들수록 인생은 공정한 것만이 아니라는 사실을 깨닫게 된다. 부부가 은퇴한 직후 한쪽이 병들고, 다른 쪽은 친구이자 간병인이 되는 경우가 대표적인 경우다. 특히 남성들은 은퇴 이후 자신이 더 이상 젊지 않다는 사실과 싸우면서 기분이 수시로 변한다. 분노와 좌절을 누군가에게 발산하게 되는데 가까이 있는 부인이 줄곧 그 피해자가 된다. 정말 어처구니가 없는 불공정한 상황이다. '남성들이 은퇴 후 육체적 · 심리적 어려움을 겪는 것은 일반적 현상이며 직장생활에 대한 지나친 집착 탓에 은퇴를 하면 살아갈 이유를 상실하는 사람들이 의외로 많다' 는 게 전문가들의 진단이다. 남성들은 일에 파묻혀 살아왔기 때문에 일을 그만두게 되면 존재의 의미를 상실하고 병에 걸리거나 나아가 사망하는 게 특별한 경우가 아니라는 것이다.

문제는 부인의 임무에 간호가 더해진다는 점이다. 남편의 노화에 따른 육체적 질환은 물론 우울증, 알코올 중독 등 정신적 질환 모두가 부인에겐 극복하기 어려운 짐이다.

남편의 우울증은 그냥 무시할 상황이 아니다. "법적으로 남편이 죽었다고 선언해도 되는가요?" 한 부인은 통탄했다. "그는 어떤 일이든 즐거워하지 않아요. 저녁마다 안락의자에 돌처럼 앉아 거의 말을 안 해요. 그가 직장을 다닐 때는 이 같은 무기력을 본 적이 없어요. 처음엔 그냥 피곤해서 그럴 것이라고 생각했는데……." 이 남편은 전형적인 우울증을 앓고 있을 가능성이 크다.

삶에 대한 열의가 결여되고, 때론 외부활동 참여를 꺼리는 경우, 은둔적 성향이 강해지고, 손님은 물론 가족들이 와도 뒤로 빠지는 경우, 상당 기간 면도와 목욕을 안 하는 등 외모를 돌보지 않는 경우는 분명 정신적으로 건강한 상태가 아니다. 너무 많이 먹거나 너무 적게 먹을 때, 또는 유행을 타는 이상한 음식을 찾는 등 독특한 식사행위를 보일 때도 우울증을 의심해 볼 필요가 있다. "인생은 끝났어." "무슨 소용이 있지." "끝내 버려."라며 자살이란 용어를 사용하면 보다 주의가 필요하다.

우울증은 곧잘 알코올 중독으로 연결된다. 채워야 할 빈 시간이 많아지면 과음에 빠진다. 노인층의 알코올 남용 문제는 소홀히 다루어지기 때문에 그 수치는 예상보다 훨씬 높을 것이라는 게 전문가들의 공통된 시각이다. 60세 이후 음주량이 늘어나는 사람들의 경우 그 수의 증가에도 불구하고 사교적 음주 정도로 간과되어 왔다. 여유 시간이 많은 탓에 오는 지루함에서부터 은퇴에 대한 압박에

이르기까지 알코올 중독의 이유는 다양하며, 후자의 경우 주로 남
성에게서 나타났다.

갑자기 눈물을 흘리거나 적대적으로 마음이 왔다 갔다 하는 경
우, 짧은 순간의 기억상실, 식욕감퇴, 단정치 못하거나 더러운 외
모, 자주 넘어지거나 찔리고 타박상을 입고 담뱃불로 인해 화상을
입는 경우, 가족 취미 또는 친구들에 대한 관심이 떨어지는 경우
알코올 중독 여부를 의심할 필요가 있다.

당신 배우자가 정신적·육체적으로 건강하지 않을 경우 어떻게
역경을 이겨내야 하는가.

    사랑하는 남편을 위해 헌신하되, 순교자가 되어서는 안
된다. 일례로 간병하는 여성을 고용하는 대신 취미에 맞는 파트
타임 자리를 얻어 간병인 비용도 벌고 동시에 상대적으로 정상
적인 사회생활을 하는 게 좋다.

    남편을 간병할 때는 신나게 하라. 하지만 남편을 노인취
급 하지는 마라. 간호사들이 환자를 대할 때 "오늘 우리는 더 좋
아지고 있죠. 그렇지 않나요?" 식으로 왜 '우리' 란 단어를 많이
쓰는지 이해가 안 된다. 남편은 병들었지만 여전히 남자다. 그
렇게 대하라. 기저귀를 찬 진부한 노인이 아니다.

    남편이 품위를 느낄 수 있도록 하라. 하루 일정표를 지나
치게 엄격히 짜서 수감된 기분을 느끼게 해서는 안 된다. 예를

들어, '목욕시간'이라고 말하는 대신 "목욕을 지금 할까요, 뉴스를 본 후 할까요?"라고 권하는 게 바람직하다.

매일 똑같은 TV 프로그램을 보는 등 즐거운 일상생활을 만들어라. 드라마와 뉴스를 혼합하는 식이 좋다. TV를 통해 외부세계의 소식을 계속 접하면 남편은 자신이 세계의 일부가 된 것처럼 느끼게 된다. 그의 건강이 허락한다면 뉴스의 주제를 갖고 토론하며 대화를 이어가는 게 바람직하다.

자녀와 손자들이 주변에 산다면 그들의 방문을 유도하라. 하지만 손주들과 오랜 시간 함께하는 것은 좋지 않다. 건강한 사람은 애기들과 시간을 함께하는 게 좋지만 병든 사람의 경우는 그렇지 않을 수 있다.

가능한 한 당신의 삶을 되찾아라. 친구를 만나고 모임에도 참석하라. 현 상황에 대한 바른 시각을 유지하는 데 도움을 주고 남편 역시 자신이 장애물이 아니라는 느낌을 갖게 될 것이다.

남편의 지속적인 요구와 비난 등으로 당신의 인생을 비참하게 만드는 것은 피해야 한다. 병든 남편은 실제로 부인 또는 다른 사람들의 관심을 끌기 위해 지속적으로 요구를 하는 경향이 있는데, 이 경우 "언제나 무엇이든 당신이 원하는 것을 할 수 있다."고 단순히 응해라.

✉ 새로운 취미를 가져라. 그의 침대 곁 팔걸이의자에서 자수나 뜨개질, 퀼트 등을 해도 좋다. 관련 강습을 받은 후 남편에게 무엇을 하고 있는지 알려 줘라. 그림에 대한 열망이 강하면 남편의 병상을 햇볕이 잘 드는 곳으로 옮기고 그가 보는 곳에서 그림을 그려라. 그녀가 칠한 하늘색이 지나치게 푸르다는 훈수 한마디로 남편이 우울증에서 벗어났다고 말하는 부인도 있었다.

✉ 말동무를 할 수 있는 사람을 찾아라. 가족들이나 좋은 친구들에게 전화를 해라. 필요하다면 남편이 근무했던 직장의 고용담당자에게 전화해 도움을 청해라. 인사 담당 직원들은 관련 서비스에 대한 정보를 갖고 있을 가능성이 크다. 신부 또는 목사님에게 도움을 청할 수도 있다. 성직자들은 실제로 필요한 가정에 전화를 걸어 이런 상황에서 도움을 줄 수 있도록 훈련을 받아 왔다. 어려움을 극복할 수 있도록 도와주는 후원그룹이나 기관들도 있다. 용기를 내라. 인생이 당신에게 공평하지 않지만 용기와 열정 그리고 사랑이 있으면 상황 내에서 잘 적응하는 방안을 배워 갈 것이다.

물론 이 책에서 제시된 조언들을 실천해도 병든 남편과의 삶이 순조로운 것만은 아니다. 당신은 남편에게 사랑과 헌신을 확인시키고 건강한 그의 삶을 위해 지원을 아끼지 않지만 그는 여전히 약해지고 있다. 직장을 떠난 데 대한 남편의 우울증이 생각보다 오래 지속될 수 있다는 것을 인식해야 한다.

남편에게 상당히 충격적인 상황이 발생해도 당신이 죄책감을 느낄 이유는 없다. 남편과 공유해야 할 당신의 짐이지만 남편에게 일어나는 일 때문에 자책해서는 안 된다.

알코올 중독 자가진단(출처, 근로복지공단)

★ 혼자 술 마시는 것을 좋아한다.

★ 술 마신 다음 날 해장술을 먹는다.

★ 일단 술 한 잔을 마시면 계속 마시고 싶다.

★ 술 생각이 나면 거의 참을 수가 없다.

★ 술자리 일을 기억하지 못하는 게 최근 6개월간 2회 이상이다.

★ 대인관계나 사회생활에서 술이 해롭다고 느낀다.

★ 술로 인해 일하는 데 어려움이 많다.

★ 술로 인해 배우자가 떠났거나 떠나겠다고 위협한다.

★ 술이 깨면 진땀 또는 손 떨림, 불안을 느끼거나 잠을 자지 못한다.

★ 술이 깨면서 몸 떨림을 경험하고 헛것을 본 적이 있다.

★ 술로 인해 골절 등 상해로 치료를 받은 적이 있다.

3개 이상: 알코올 중독 의심

4개 이상: 알코올 중독

건강을 위한 좋은 습관

매스컴이 전하는 건강비결을 보면 무엇이 옳은 방향인지 헷갈릴 때가 많다. 비타민을 먹어도 탈, 안 먹어도 탈이라고 한다. 요즘은 뜬금없이 커피 찬양론이 목소리를 키우고 있다. 물론 항상 '적당한'이란 수식어가 따르지만 적당한의 정도는 사람의 체질에 따라 각각 다른 게 분명하다. 노화가 진행되면 점차 건강보조식품에 관심이 커지고, 많은 노인이 다단계 판매조직의 상술에 희생양이 되는 것도 그런 이유에서다. '편식을 하라'는 역발상 건강비법도 자신의 몸이 잘 흡수하는 음식과 건강보조식품이 따로 있다는 얘기와 상통한다.

일본 도쿄 의료센터연구소는 약, 음식 등에 의존하기보다 좋은 습관만으로 건강을 유지하는 방안을 제시했다.

★ 아침에 일어나면 기지개를 켜고 스트레칭을 하라. 수면상태에서 느슨해진 근육과 신경을 자극해 혈액순환을 도와준다. 15분 이상 낮잠을 자는 것도 좋다.

★ 매일 조금씩 공부하고, 외부 활동을 꾸준히 하라. 정신 건강은 물론 치매 예방에 효과적이다.

★ 빠른 속도로 걷고, 가벼운 헬스 등으로 손아귀, 허벅지 등의 근력을 키워라.

★ 음식은 10번 이상 씹어 삼키고, 과일과 같은 간식을 먹어라.

칼로리 섭취를 제한하는 것은 체력 저하로 이어져 바람직하지 않다.

★ 하루 10분씩 노래를 하고 가족과의 스킨십을 잊지 마라. 고독은 암보다 무섭다.

★ 장수하려면 영양, 사회적 활동, 체력 등을 갖춰야 한다. 보다 중요한 것은 화를 다스리며 즐거운 마음으로 생활해야 한다는 점이다.

인간답게 죽을 권리와 웰다잉법

"의학적 관점에서 하지 않은 치료, 빠진 치료는 없습니다." 말기 암 환자의 기계적 생명연장 여부를 놓고 의사가 체념 속에 던진 한마디다. 이 환자의 가족은 '심폐소생술을 하지 말라(DNR)'는 동의서를 썼기 때문에 이후 인위적 생명연장은 중단되었다.

사고 또는 수술 후 일시적으로 심장과 폐에 문제가 있는 경우 적절한 심폐소생술은 생명을 되찾는 데 큰 도움이 된다. 요즘 심폐소생술에 관한 교육이 확산되는 이유다. 하지만 의학적 조치를 다 한 후에도 심장과 폐의 기능이 정상으로 돌아오지 않는 경우 무리한 심폐소생술은 오히려 환자에게 물리적 위해를 가하게 된다.

인간답게 죽을 권리, 즉 존엄사의 일환으로 DNR(Do Not Resuscitation) 동의 제도가 전 세계적으로 큰 주목을 받고 있다. 우리나라도 자살 조력, 생명경시 풍조 등의 이유로 안락사는 반대하지만, 의학적 치료를 다했음에도 사망의 단계에 이르렀을 경우의 존엄사 조치는 대법원 판결로 인정되고 있다. 2016년 초에는 「호스피스 · 완화의료 및 임종과정에 있는 환자의 연명의료 결정에 관한 법률」이 국회를 통과했다. 이 법안 내용의 핵심은 '죽음의 과정에 접어든 환자에 대한 무의미한 연명치료를 중단하고, 호스피스 · 완화의료를 통해 아름답게 삶을 마무리할 수 있도록 돕는 것'이다. 인간답게 죽을 권리, 이른바 '웰다잉법'이라 불리는 이유다.

스위스, 네덜란드를 포함한 외국의 몇몇 국가는 의사가 약을 처방해 환자를 죽음에 이르게 하는 정도의 안락사까지 가능하다. 연명의료 중단과 동시에 수액과 영양공급도 중단하는 나라도 있다. 하지만 2018년부터 시행되는 한국의 '웰다잉법'은 인공호흡기, 심폐소생술 등 의료행위는 중단하고 영양 · 수액공급은 계속하도록 돼 있다. 법안 통과에 앞서 긴급 국민여론조사를 실시한 결과 '호스피스 의료는 95.5%, 연명의료 중단에는 80.2%가 찬성했다.

생 · 노 · 병 · 사(生老病死), 인간은 태어나면 언젠가는 늙고 병들어 죽어야 하는 운명이다. 그렇기 때문에 살아 있을 때 최선을 다하는 이유이며, 신이 인간을 가장 부러워하는 대목이기도 하다.

부부 모두 화를 다스리고
자신을 칭찬하자

공자는 예순이 되니 이순(耳順), 즉 남의 말을 듣기만 해도 이치를 깨닫게 되었다고 했다. 화를 낼 일이 없어졌다는 얘기다. 하지만 현실은 그렇지 않다. 버스나 지하철에서 웃고 있는 노인들을 본 적이 있는가?

퇴직 통보를 받으면 처음엔 '왜 나인가' 라며 현실에 대한 강한 불만을 표출하다 새로운 일자리를 찾는 과정에서 '내가 어때서' 라며 자괴감을 느끼고, 시간이 더 흐르면 '이제 난 끝났다' 며 무기력증에 빠져든다. 그 과정에서 세상이 나를 알아 주지 않는다며 불평을 쏟아 내고, 느림의 미학에 대해 운운하면서도 매사 밀치며 내달린다.

은퇴 이후 첫 과제는 화를 다스리는 여유를 되찾는 일이다. 가장 큰 문제는 자신을 지지해 주는 가족들에게 화풀이를 하는 자신을 발견하게 된다는 사실이다. 가족들도 처음엔 과도기라며 남편 또는 아버지의 푸념 섞인 공격적 성향을 받아 주지만 더 많은 상처를 주면 결국 황혼이혼이란 멍에를 질 수도 있다.

로마시대 철학자요, 부호였던 루키우스 세네카(Lucius Annaeus Seneca)는 "화로 이어지는 가장 큰 오류는 아마도 모든 것이 잘될 거라는 지나친 낙관적 기대 탓"이라고 지적했다. 그리스 스토아 철학자들도 분노는 원하는 것을 얻을 수 있고 자신의 능력을 과대평가하는 데서 온다고 했다. 비가 온다고 화를 내는 것과 같은 허망한 마음을 갖고 오늘과 내일을 본다는 뜻이다. '왕인 자신의 시선'을 세상이 받아들여 주지 않는다며 발로 차고 소리를 지르는 것과 똑같다. 결국 자신의 기대를 좀 더 현실에 맞게 노력해야 세상에 실망하지 않을 것이라는 조언이다[줄스 에반스(Jules Evans), 『철학을 권하다-삶을 사랑하는 기술』].

물론 은퇴자들은 친구들이나 가족들에게 모든 것을 내려놓았다고 수차례 얘기한다. 하지만 이는 일종의 자기 최면일 뿐, 자신의 내부는 현실에 대한 분노로 들끓고 있다. 사실 세상 사람들의 나에 대한 관심은 내가 상상하는 것만큼 크지 않다. 이 세상 모든 사람들이 나를 좋아해 줄 필요가 없다는 사실, 그리고 남을 위하는 행위 모두가 사실은 자신을 위한 것이란 현실을 직시해야 한다.

세네카는 화를 다스리는 방법으로 세 가지를 제시했다. 그 첫 번째는 나에게 화를 일으키는 요인이 무엇인지 기록하는 것이다. 일기를 쓰라는 얘기다. 자신의 취약한 부분을 찾아내는 작업이다. 두 번째, 울화통이 치밀면 타임아웃, 즉 기다리라고 했다. 세 번째, 인상을 쓰기보다 미소를 짓는 것이다. "표정을 편안하게 만들고 목소리를 부드럽게 하며 발걸음을 침착하게 하면 그런 외적 모습이 바람직한 내면을 만들어 준다."는 게 그의 조언이다. "때론 형식이 내용을 좌우할 수 있다."는 공자 말씀과 일맥상통하는 대목이다.

화도 일종의 사회적 전염병이다. 노인들이 모두 화난 표정을 지으면 젊은이와의 세대 갈등은 더욱 커지게 된다. 화를 다스려 보자. 우선 가족에게 화를 내지 않는 것부터 시작하자. 부인의 모든 행동과 말을 사랑스럽게 느껴야 한다. 나 자신을 바꾸지 않으면 애국 운운하는 민주투사적 고담준론은 그야말로 언어적 사치에 불과하다. 우선 내가 책임질 수 있는 부분부터 용기 있게 처리해야 한다. 할 수 없는 일과 내 통제력을 벗어난 일들은 그냥 그대로 두자. 이를 위해 속도를 늦추고 우선순위를 새롭게 정할 필요가 있다.

자신을 칭찬하는 일기장도 만들어 보자. 나 역시 운전할 때 화를 많이 내는 편이다. 방향등을 안 켜고 좌(우)회전하거나 고속도로에서 추월 차선을 끝까지 내닫는 운전자를 보면 욕설과 함께 보복운전을 하고 싶은 마음까지 든다. 그러다 어느 날인가 '착한 하루'란 일기장을 만든 이후부터 제법 나 자신이 칭찬을 받기도 한다. 화를 내거나 나쁜 습관을 하지 않은 날들을 헤아림으로써 의지를 더욱 강하게 다질 수 있다.

고대 그리스의 철학자 에픽테토스는 나쁜 습관을 없앨 수 있는 마법의 기간을 30일이라고 했다(줄스 에반스, 『철학을 권하다−삶을 사랑하는 기술』). 나쁜 습관을 30일간 행하지 않으면 서서히 약해지다가 완전히 사라진다는 주장이다. 금연의 성공 여부도 초기 30일을 지켜보면 알 수 있다고 하지 않은가.

에픽테토스는 날마다 감사해야 할 일 세 가지를 적은 이른바 '감사일기'를 권하고 있다. 마르쿠스 아우렐리우스(Marcus Aurelius Antoninus)도 그의 저서 『명상록』첫 권을 다른 사람에게서 받은 고마운 점들을 상기하는 내용으로 채웠다. 다산 정약용 선생은 항상 버릴 기(棄) 자를 머리맡에 써 놓고 살라고 했다. 상황의 변화에 따른 대응 논리는 자신만이 만들어 갈 수 있다. 버릴 것은 버리고 긍정적으로 관조한다면 산다는 것 자체가 즐거울 수도 있다. 물론 정말 실천하기 어려운 얘기다. 그러려면 지금부터 하나씩 버리며 살아야 한다.

황혼의 미학, 나이 드는 기술을 배우자

인간은 늙는다. 그러나 곱게 늙느냐 아니냐는 당사자에게 달려 있으며, 훌륭하게 나이 드는 일은 고도의 기술이 필요하다(안젤름 그륀, 『황혼의 미학』). 이 책은 '나이 드는 기술에는 몇 가지 기본 원칙이 있으며 받아들이기, 놓아버리기, 자신을 넘어서기가 그것'이라고 지적했다. 노년은 나름의 아름다움을 간직한 가을이며, 가을에는 업적을 쌓는 대신 그냥 존재하는 것만으로도 족하다고 했다. 은퇴 이후 삶의 목표가 과거의 돈과 욕망에서 벗어나, 보고 즐기는 것에 초점을 맞출 필요가 있다는 의미다.

너무 서글픈 얘기인가. 그렇지 않다. 은퇴와 함께 욕망의 무게를 점차 줄여 나가야 한다. 과거는 그냥 아름다운 추억으로 안고 가면 된다. 그런 영광된 과거가 미래에도 계속되리라 기대하는 것은 포부가 아니라 망상임에 틀림없다. 괜한 푸념보단 젊음을 시기하지 말고 그들을 존중하는 여유가 필요하다.

　이 책은 "성공한 나와 실패한 나를 모두 받아들여야 한다."고 조언한다. 이를 위해 과거와 화해하기, 자신의 한계를 받아들이기, 고독을 이겨 내는 방법 배우기를 권한다.

신 노년 세대인
'서드 에이지'의 부상

　요즘 화두는 인생 백세시대다. 실제로 상가(喪家)를 가면 고인이 90세를 넘어야 그나마 호상이란 말을 듣는다. 10년 전보다 수명이 갑자기 10년 이상 늘어난 느낌을 받는다. 얼마 전만 해도 이른바 '트리플 30', 즉 30년은 부모의 도움을 받아 성장하고, 그다음 30년은 사회 첫발을 내딛고 가정을 꾸린 후 왕성한 경제활동을 하고, 마지막 30년은 삶을 즐기며 인생을 정리하는 시기로 분류되었지만 요즘은 마지막 단계가 10년 정도 늘어난 셈이다. 인생 단계도 3단계는 60, 70대의 젊은 시니어 또는 서드 에이지, 4단계는 80, 90대의 늙은 시니어로 세분화되고 있다. 미국 경험봉사단 설립자인 마크 프리드먼은(Marc Freedman) 『빅 시프트(THE BIG SHIFT)』란 저서에서 영국 인구역사가인 피터 래슬릿(Peter Laslett)의 분석을 인용, 노년기를 제3연령기(third age)와 제4연령기(fourth age)로 분류해야 한다고 주장했다. 베이비부머로 대표되는 50, 60대, 나아가 70대까지를 중년과 노년기의 중간 단계인 새로운 연령군으로 분류해야 한다는 지적이다. 이른바 '50플러스' 세대의 부상이다.

문제는 장수를 보는 시각이 축복이 아닌 공포로 바뀌고 있다는 점이다. 실제 과거에는 정년퇴직 이후 은퇴선언과 함께 곧장 연금 등의 사회적 안전망 속으로 직행했지만 요즘은 상당 기간 미지의 바다 위를 항해하는 시간이 길어지고 있다. 특히 한국의 경우 상대적으로 안정적인 노후를 즐기는 미국 베이비부머 세대와는 달리 연금을 빚 갚는 데 사용하는 불안한 베이비부머가 많다.

매스컴들은 '회색 쇼크' 운운하며 장수를 사회적 고비용의 주범으로 모는 양상이다. 늙음은 아무리 미화해도 결코 기분 좋은 일은 아니다. 고령화가 급속히 진행되면서 '예산강탈자의 침입(마크 프리드먼, 『빅 시프트』)'이라며 '장수'가 사회의 범죄인 양 몰아가는 분위기도 점차 확산되고 있다. 실제 도시철도공사의 한 고위관계자는 만성적 적자의 원인을 65세 이상 노인들의 무임승차 허용 탓이라고 말해 논란을 일으켰다. 대한노인회장도 얼마 전 이런 사회적 분위기를 의식해 노인의 기준을 현행 65세에서 상향 조정해야 한다고 말해 주목을 받았다.

하지만 고령사회의 주역으로 등장한 1955년생 전후의 베이비붐 세대는 상당수가 국민연금을 제대로 수령하는 경제의 객체가 아니라 소비를 끌어가는 주체로 이전 세대와는 분명 그 위상이 다르다. 60세가 넘어도 아직 거울에서 자신의 아버지 얼굴이 떠오르지 않을 정도로 젊고 건강하다. 전 세계적으로도 하루에 8천 명, 즉 1초에 10명씩 60세가 되는, 즉 중년이 끝나고 퇴직과 함께 노년기를 맞는 '빅 시프트'가 진행되고 있다(마크 프리드먼, 『빅 시프트』). 제3연령기 폭의 확대와 함께 노인은 가난과 고독, 그리고 절망의 형을 받은 대상을 벗어나 새로운 자리매김을 시작한 것이란 얘기다. 항해를 끝마치고 항구에 도착한, 그저 늙고 가난한, 인수가 거절당한 불량품으로 존재할 이유는 없다.

우리나라에서도 신노년연합, 50플러스, 한국은퇴자협회와 같은 단체가 속속 등장하면서 새로운 노년문화를 만드는 노력이 진행되고 있다. 기존의 대한노인회, 전국노인복지단체연합회 등이 노인복지 향상에 초점을 두었다면 새로운 단체들은 행복하고 밝은 신노년상을 만들기 위해 문화강좌, 조직적 자원봉사, 젊은이들을 위한 창업기술 지원 등 다양한 프로그램을 선보이기 시작했다. 서드 에이지 세대의 권익보호를 위한 집단적 활동도 검토 중이다. 서드 에이지의 새로운 움직임에 동참해 자신의 경험과 꿈을 열어 보는 것도 바람직하다.

노인 인권과 존엄성 보장

노인과 인권은 어떤 관계가 있을까? 대부분의 노인들은 인권에 관련한 유용한 지식이 별로 없는 편이다. 있다 하더라도 정작 자신과 관련지어 생각하는 경우는 많지 않다. 노인에게 인권은 매우 중요한 보호 수단으로서 정부, 병원, 사회 서비스, 공공기관 등지에서 공정함과 차별 없는 평등한 대우를 받을 권리다.

노인의 인권을 보장하기 위한 노력은 유엔의 「세계인권선언」에서 출발해 노인권리보장을 위한 세계행동기획안은 세계 각국의 노인인 권보장에 대한 지침이 되고 있다. 유엔총회는 1991년 12월 노인을 위한 유엔 원칙을 채택, 자립, 참여, 보호, 자아실현, 존엄의 5가지 주요 원칙을 제시했다. **자립(Independence)의 원칙**은 노인은 일을 할 수 있는 기회를 제공받거나, 다른 소득을 얻을 수 있는 기회를 가져야 하고 적절한 교육과 훈련 프로그램에 접근할 수 있는 데 초점을 맞추고 있다. **참여(Participation)의 원칙**은 복지에 직접 영향을 미치는 정책수립에 적극적으로 참여하고 지역사회봉사를 위한 기회를 찾고 개발해 그들의 흥미와 능력에 알맞은 봉사할 수 있다는 게 그 골자다. 나아가 사회운동과 단체 결성권도 담고 있다.

보호(Care)의 원칙은 신체적, 정신적, 정서적 안녕의 최적수준을 유지하거나 되찾도록 도움을 받고 질병을 예방하는 등 건강보호에 접근할 수 있어야 하는 것이며, **자아실현(Self-fulfillment)**을 위해 사회의 교육적, 문화적, 정신적 그리고 여가에 관한 자원에 접근할 수 있도록 규정하고 있다. 끝으로 **존엄성(Dignity)의 원칙**으로 노인은 존엄과 안전 속에서 살 수 있어야 하며, 착취와 육체적, 정신적 학대로부터 자유로워야 한다는 내용이다.

우리나라는 존엄성의 원칙과 관련, 노인의료복지시설 이용자의 학대예방과 인권보호에 초점을 맞추고 있다. 노인을 대상으로 한 성인후견인제도도 조만간 정부 차원에서 도입될 예정이다.

은퇴한 남편과 사는
10가지 비결

앞에서 은퇴 이후의 부인이 직면하게 될 다양한 시나리오를 거론했다. 굿맨 여사는 그 분야 전문가들의 인터뷰, 그리고 부인들의 의견을 종합해 발생할 수 있는 문제들을 극복하는 기본 비결 10가지를 제시했다.

1 사랑하는 남편과 가능한 많은 시간을 함께하라

과거에 대한 향수와 추억도 중요하지만 부부가 함께하는 많은 부분은 현재와 미래 위에 세워져야 한다. 새로운 시도를 두려워 마라. 오늘과 내일의 추억을 만드는 것이 당신의 좌우명이 되어야 한다.

2 대화하는 것을 배워라

대화는 말하는 것 못지않게 듣는 것이라는 것 또한 잊지 마라. 남편이 말하는 모든 얘기를 들어 주며 말하는 용기를 북돋워 주어라. 그의 말을 끊지 말고 그가 자신의 생각을 표출할 수 있도록 해야 한다.

3 유머감각을 항상 유지하라

재치 있는 언급과 킥킥거림은 남편이 분노와 절망을 억제하는 데 도움을 준다.

4 자신도 돌보라

자신이 학대받는 일은 결코 있어서는 안 된다. 부인은 은퇴한 남편만큼 중요한 사람이다.

5 비난조의 언급은 피하라

"왜 그랬죠?" "당신은 왜 항상" "당신은 결코"로 시작되는 부정적 질문과 언급은 결혼생활을 파괴한다. 다툼이 최고점에 이르러도 아픈 과거를 꺼내지 마라. 오늘은 오늘이다.

6 당신이 깊은 인상을 주고 싶은 사람에게 행하듯 남편에게도 예의 바르고 점잖게 행동하라. 지긋지긋한 부인은 "직장에서 고객들에게 하듯 나에게도 친절하게 하라니깐." 이라고 말한다.

7 공평하고 열린 마음으로 행동했고, 배우자의 필요를 만족시켜 주었다고 확신하는지를 스스로 평가하라. 문제가 있다면 해결을 위해 부부가 함께 노력하면 된다.

8 당신을 반하게 만든 그때를 결코 잊지 마라
남편에게 과거의 사랑스러운 자취들을 때때로 상기시켜 주어라. 남편의 내면은 끊임없는 사랑을 필요로 한다.

9 편안, 존경, 의욕을 유지하도록 배려하라
이 세 가지를 주는 부인과 사는 남편은 정말 행운아다.

10 감성적인 표현이지만 골든 이어즈를 맞고 있다. 시간을 낭비하지 마라.

질의 문답

"지금 무슨 일이 일어나고 있는가?" "우리는 행복한가?" "우리는 무엇을 기대하고 있는가?"

은퇴를 직면한 남편들과 사는 부인들이 가장 많이 내뱉는 세 가지 질문이다. 하지만 이 질문들은 빙산의 일각에 불과할지 모른다. 미래의 삶에 대한 부인들의 걱정은 더 많다. 굿맨 여사는 부인들이 수다처럼 늘어 놓은 얘기를 다음과 같이 정리했다.

Q 지금 무슨 일이 일어나고 있는 것인가?

A "당신은 지금 무슨 일이 일어나기를 원하는가?"란 질문과 맞물려 있다. 만약 지금까지 일어났던 일과 똑같은 일을 원한다면 실망하게 될 것이다. 은퇴는 인생의 새로운 단계로, 당신은 있는 그대로 받아들여야 한다. 두려워 마라. 새로운 경험에 눈과 가슴과 마음을 기꺼이 열어라.

Q 우리는 행복할까?

A 부부가 긍정적인 자세로 임한다면 은퇴는 즐거움과 만족을 찾을 수 있는 좋은 기회를 제공한다. 과거를 애도하거나 미래를 향해 달리기보다 오늘에 감사하는 게 중요하다.

Q 우리는 무엇을 기대하는가?

A 은퇴 후 결혼생활에 만족하는 한 부인의 얘기다. "은퇴를 또 다른 신혼으로 생각하세요. 부부가 함께 새로운 모험을 떠나고 다른 환경에서 서로를 알아가기 때문에 신혼과 여러모로 유사합니다. 물론 그 과정에서 문제들도 발생하지만 상식, 인내 그리고 사랑에 의존하면 좋아질 겁니다."

Q 우리 부부는 함께 살았지만 각자의 길을 걸었다. 남편은 직장생활 때문에 밖으로 떠돌았고, 나는 집에 있는 것을 선호했다. 우리 부부가 앞으로 공통점을 갖고 살아갈 수 있을까?

A 수십 년간 결혼생활을 했다면 다양한 경험을 공유했을 것이다. 지금은 이런 경험을 기반으로 더욱 균형 잡힌 라이프스타일을 성취해야 할 때다. 은퇴는 부부관계의 새로운 면을 탐구하고 발견하는 멋진 시간이 될 것이다.

Q 내가 원하는 직업을 계속 유지해도 안정된 결혼생활이 가능한가?

A 남편의 은퇴생활이 정착되도록 돕는 일정 기간은 직장활동에 다소 어려움을 겪을 수도 있다. 하지만 인내, 열정, 사랑 그리고 이해심을 가지면 결혼생활을 즐기면서 직장생활을 계속하지 못할 이유는 없다.

Q 나는 집과 주변을 항상 깔끔하게 정리해 왔다. 은퇴 후 각자의 방식대로 삶이 가능한가?

A '나의' 집, '나의' 인생이라 말할 때 남편의 집도 된다는 사실을 잊지 마라. 그의 인생도 여기에 관련되어 있다. 공동으로 사용하는 공간이 서로에게 편안하도록 상호 노력해야 영역싸움이 해결된다. 자신의 독립성과 생활방식을 유지하려면 타협과 양보가 뒤따라야 한다. 은퇴한 남편이 새로운 삶에 새로운 목표를 찾도록 도와준다면 부부 모두가 혜택을 보게 된다.

Q 남편은 취미가 없다. 그가 취미를 찾는 데 어떻게 도와줄 수 있는가?

A 이 책의 핵심 단어는 '남편을 도와라'다. 남편에게 취미를 강요하지 마라. 그가 스스로 선택하도록 해야 한다. 그러나 그가 무엇에 관심이 있는지 주의를 기울이면 바른 방향을 제시할 수 있다.

자원봉사 활동을 간과하지 마라. 다른 사람을 돕는 게 가장 보람 있는 일이다.

Q 집 안팎의 일에 더 많은 도움을 기대할 수 있는가?

A 물론이다. 남편에게 그 같은 일을 요구하는 것을 두려워 마라. 하지만 강요는 바람직한 결과를 주지 않기 때문에 당신이 원하는 것을 남편에게 조용히 그리고 합리적인 방식으로 이해시켜야 한다. 은퇴는 샤워대를 설치하거나 조상이 남겨 준 도자기의 먼지를 함께 닦는 파트너십의 새로운 출발임을 명심하라.

Q 직장생활의 끝이 섹스 생활의 끝을 의미하는가?

A 건강이 좋으면 그렇지 않다. 여유 시간이 더 많아지고 여유롭기 때문에 섹스를 기꺼이 원한다면 이전보다 더 즐길 수 있다.

Q 성공적 은퇴생활을 위한 가장 중요한 요인은 무엇인가?

A 대화, 즉 소통이다. 부부가 마음을 열고 얘기한다면 극복하지 못할 문제는 거의 없다.

맺는 말

안티에이징을 넘어 웰에이징으로

영국 HBSC 그룹과 영국 옥스퍼드 대학 노후연구소가 7년 전 공동 조사한 「은퇴의 미래-노후에 대한 투자」란 보고서를 읽은 적이 있다. 노후를 앞둔 세대(40~60세)와 노후를 맞이한 세대(60~69세)는 돈, 자산보다는 인생관을 자녀들에게 물려주고 싶어 한다는 게 그 골자였다. 그 글은 우리가 자녀들에게 어떤 모습을 보여야 하는지 많은 생각을 하게 했다.

사실 삶을 긍정적으로 보면 우리에겐 부모 세대나 조부모 세대가 경험했던 것과는 완전히 다른 인생의 후반기를 창조할 수 있는 가능성이 열려 있다. 나이 드는 전형적 패턴에서 벗어난다면 은퇴 후 제2의 전성기를 기대할 수 있다는 얘기다.

우리가 경계해야 하는 사람들은 '시들어 가는 젊음에 목숨을 거는 사람' '예정된 방식에서 벗어나지 못하는 사람' '자신이 진심으로 무엇을 원하는지 아직도 갈팡질팡하는 사람' '늙어 간다는 것을 퇴보한다고 생각하는 사람들'이다.

물론 늙음의 속도를 늦추는 안티에이징(anti-aging)은 중요하다. 어찌 보면, 자신의 삶에 대한 최소한의 의무라고 할 수도 있다. 노화방지 성형수술, 보톡스 시술 등이 늘어나고 방부제를 통한 영원한 삶을 추구하는 게 그 예다.

하지만 새로운 시대를 향해 가지만 나이 드는 것(aging)과 죽어가는 것(dying)에 대한 부정적 생각은 여전하다. 늙음과 죽음은 현실이다. 그 속도를 늦출 뿐 이를 멈추게 할 수는 없다. 안티에이징을 위한 장·노년층의 피나는 노력의 결과들은 자신감으로 돌아올 수 있으나 이것이 절제와 균형으로 이루어지지 못하고 과욕을 부리면 부작용과 더불어 심한 허탈감과 자괴감 등의 정신·심리적 공황을 겪게 된다. 때문에 안티에이징과 동시에 정신적 육체적으로 건강하게 늙어 가는 것 또한 중요하다.

앤드루 와일(Andrew Weil)은 저서 『헬시에이징(Healthy Aging)』에서 안티에이징 못지않게 품위 있게 나이를 먹는 건전한 노후를 강조한다. 나이를 먹는 것은 재앙이 아니며, 노화를 기꺼이 받아들이는 마음과 영혼의 관리도 함께 하는 모습을 보여 주어야 한다는 게 그의 조언이다. 안티에이징을 거쳐 헬시에이징을 넘어 러브에이징이 되면서 위 세 개념이 적절한 균형을 이룰 때 웰에이징(Well-aging)이라고 할 수 있다.

인생의 체감 속도는 나이의 두 배라고 한다. 20대는 빨리 움직여도 인생의 속도는 시속 40km대이지만 50대를 넘어서면 시속

100km를 넘어서게 된다. 자칫 자신의 인생 속도를 조절하지 못해 당황해하다 삶을 마칠 수도 있다. 훌륭한 운전자는 고속도로에서도 시속 100km를 유지하며 차를 몬다. 훌륭한 인생도 시속 100km를 넘어서는 안 된다. 느림의 미학의 의미를 다시 한 번 생각하게 한다.

타쿠마 타케도시의 『행복한 노후를 위한 좋은 습관』에서 제시한 실행 가능한 비법들을 살펴보자.

우선, 배움의 중요성이다. 이른바 트리플 30시대의 마지막 30년을 며느리를 괴롭히거나 젊은 사람들에게 쓸데없는 간섭을 하지 말고 무엇인가 지금까지 해 본 일이 없는 것을 배우는 데 쓰면 어떠할까. '60줄에 들어서 수영과 자동차 운전을 배운 남성 노인' '멕시코 여행을 위해 1년 전부터 스페인 강좌를 듣는 은퇴한 여교장 선생님' 등등. 은퇴 후 새로운 배움 길에 나서는 사람들이 수없이 많다. 강제로 권하거나 싫은 일을 시작하면 오래갈 수 없다. 나이 들어 배우는 것은 무엇보다 자기가 좋아하는 일, 그리고 조금씩 진보의 과정을 스스로 확인할 수 있는 게 바람직하다. 자신에게 활력을 주는 것이 배움의 가장 큰 소득이다.

다음으로는 돈으로 얻을 수 없는 가장 귀한 행복인 좋은 친구를 갖는 일이다. 가족분화가 가속화되는 상황에서는 어쩌면 친구 관계가 가족 관계보다 더욱 중요한 사회적 관계라고 할 수 있다. '친구 따라 강남 간다'라는 옛말처럼 평생에 걸친 친구라고 하는 것은 대부분의 경우 젊어서부터 공통된 경험을 중심으로 쌓아 온 관계로 이루어진다. 그렇지 않더라도 만남을 통해 마음속 깊은 곳에 서로가 공감할 수 있는 감정의 교류가 있다면 친구가 될 수 있다. 나이 들어 깊은 우정을 나누는 친구가 5명 이상이 되면 노후를 성공적으로 살 수 있는 조건을 갖추었다고 한다. 이제 과거의 많은 짐을 내려놓고 벗들과 함께 웰에이징의 길을 느긋이 여행해 보자.

한림대학교 사회복지대학원 연구실에서

서혜경

참고문헌

김주환(2011). 회복탄력성. 고양: 위즈덤하우스.

한국경제신문 Better Life 팀(2006). 생애재무설계. 파주: 북이십일.

타쿠마 타케도시(1995). 행복한 노후를 위한 좋은 습관. (서혜경, 윤춘정 역). 서울: 동인.

Borchard, David C., & Donohoe, Patricia A. (2008), 은퇴의 기술 (*Joy of retirement*). (배충효, 이윤혜 역). 서울: 황소걸음.

Engel, Beverly. (2003). 화의 심리학(*Honour[i. e. Honor] your anger*). (김재홍 역). 서울: 용오름.

Evans, Jules. (2012). 철학을 권하다(*Philosophy for life and other dangerous situations*). (서영조 역). 서울: 길벗.

Freedman, Marc. (2011). 빅 시프트(*Big shift*). (한주형, 이형종 역). 파주: 한울.

Grün, Anselm. (2007). 황혼의 미학(*Hohe Kunst des Älterwerdens*). (윤선아 역). 경북: 분도출판사.

Skidelsky, Robert., & Skidelsky, Edward. (2012). 얼마나 있어야 충분한가(*How much is enough?*). (김병화 역). 서울: 부키.

Vaillant, George E. (2002). 행복의 조건(*Aging well*). (이덕남 역). 서울: 프런티어.

저·편역자 소개

저자

글로리아 블레드소 굿맨(Gloria Bledsoe Goodman)
미국의 저명한 은퇴문제 카운슬러

편역자

서혜경
한국노년학회장 역임
한림대학교 사회복지대학원 교수

김영규
한국경제신문 편집국장 및 이사 역임
한국노인의전화 이사

KEYS TO LIVING WITH A RETIRED HUSBAND

은퇴남편 기 살리기

Keys to Living with a Retired Husband

2016년 7월 20일 1판 1쇄 인쇄
2016년 7월 25일 1판 1쇄 발행

지은이 • Gloria Bledsoe Goodman
편역자 • 서혜경 · 김영규
펴낸이 • 김진환
펴낸곳 • (주) 학지사
　　　　04031 서울특별시 마포구 양화로 15길 20 마인드월드빌딩
대표전화 • 02)330-5114　　　팩스 • 02)324-2345
등록번호 • 제313-2006-000265호

홈페이지 • http://www.hakjisa.co.kr
페이스북 • https://www.facebook.com/hakjisabook

ISBN 978-89-997-0984-5 03180
정가 14,000원

이 도서의 국립중앙도서관 출판시도서목록(CIP)은 서지정보유통지원
시스템 홈페이지(http://seoji.nl.go.kr)와 국가자료공동목록시스템
(http://www.nl.go.kr/kolisnet)에서 이용하실 수 있습니다.
(CIP 제어번호: CIP2016015666)

교육문화출판미디어그룹 학지사
심리검사연구소 인싸이트 www.inpsyt.co.kr
원격교육연수원 카운피아 www.counpia.com
학술논문서비스 뉴논문 www.newnonmun.com